Alexander Heilmann

Karriere und Management

Erfolgreiche Führungsinstrumente
und
Führungstechniken
für
JUNG-MANAGER
MIDDLE-MANAGER
TOP-MANAGER

und die 40-Heilmann-Prinzipien

Vorwort

Zahlreiche Studien renommierter Meinungsforschungsinstitute zeigen ein alarmierendes Bild: Nahezu 90 % der Beschäftigten in deutschen Unternehmen verrichten ihre Arbeit unengagiert oder gar lustlos. Die Hauptursache dafür liegt nicht in den Mitarbeitern selbst, sondern im Management.

Weitere Untersuchungen belegen, dass in Deutschland im Durchschnitt nur etwa zwei Drittel der Arbeitszeit produktiv genutzt werden. Woran liegt diese erhebliche Ineffizienz? Rund 70 % der unproduktiven Zeit sind auf Missmanagement zurückzuführen. Besonders das Middle-Management wird hierbei häufig als Schwachstelle identifiziert: Es fällt vielen Führungskräften schwer, klare Prioritäten zu setzen und Orientierung zu geben.

Diese Erkenntnisse decken sich mit den Rückmeldungen von Mitarbeitern, die vor allem eines vermissen: eindeutige Zielvorgaben. Trotz hoher Arbeitsbelastung gelingt es vielen Führungskräften nicht, ihre Teams effektiv einzusetzen – oft deshalb, weil ihnen selbst die notwendige Klarheit über Ziele und Wege fehlt oder sie diese nicht präzise formulieren können. Hauptursachen sind dabei unzureichende Planung und Steuerung, gefolgt von Defiziten in Führung und Kontrolle.

Missmanagement führt zwangsläufig zu Produktivitätsverlusten. Interessanterweise glauben rund 40 % der Führungskräfte, dass sich die Produktivität vor allem durch zusätzliche Investitionen steigern ließe. Lediglich 3 % erkennen Führungsschwächen als Ursache. Diese Einschätzung steht in deutlichem Widerspruch zur Realität: Der entscheidende Hebel für mehr Produktivität ist nicht Kapital, sondern wirksames Management.

Nach meiner Erfahrung resultieren Führungsschwächen jedoch nur selten aus mangelnder Begabung, sondern vielmehr aus unzureichender Qualifizierung. Viele Führungskräfte werden auf ihre Aufgaben nicht oder nur ungenügend vorbereitet – häufig sogar von Trainern ohne eigene Führungserfahrung. Einmal ins „kalte Wasser" geworfen, verfestigen sich schnell ungeeignete Führungsstile, während bewährte Instrumente aus Unkenntnis ungenutzt bleiben.

Um erkannte Defizite zu kompensieren, greifen unerfahrene Führungskräfte nicht selten zu vermeintlich „modernen" Methoden, die in der Managementliteratur oft marktschreierisch als Allheilmittel propagiert werden. Ein Großteil dieser Literatur folgt kurzfristigen Moden und liefert einseitige Ansätze, die selten zu nachhaltigem Erfolg führen.

Demgegenüber stehen zeitlose Prinzipien guter Führung: Authentizität, Klarheit über eigene Ziele und Werte sowie Ehrlichkeit im Handeln. Wer sich daran orientiert, benötigt keine modischen Trends. Lassen Sie sich daher nicht von ständig neuen Theorien verunsichern. Widerstehen Sie dem Druck des vermeintlichen Zeitgeistes – auch wenn dies bedeutet, zeitweise als „unmodern" zu gelten. Halten Sie es mit dem früheren Bundespräsidenten Roman Herzog:
„Manchmal muss man nur den Mut haben, am richtig Erkannten so lange festzuhalten, bis man wieder modern ist."

Dieses Buch versteht sich als praxisorientiertes Führungsbrevier. Es soll helfen, bestehende Lücken im Managementwissen zu schließen. Die Gliederung in Jung-Management, Middle-Management und Top-Management dient dabei lediglich der Orientierung. In der Realität sind die Übergänge fließend – und häufig ist der Blick sowohl nach unten als auch nach oben gleichermaßen wertvoll.

Alle Inhalte dieses Buches basieren auf meinen eigenen Erfahrungen, die ich über viele Jahre hinweg auf allen Hierarchieebenen – national wie international – gesammelt habe. Im Gegensatz zu zahlreichen theoretisch geprägten Veröffentlichungen stützen sich die hier dargestellten Führungsinstrumente und -techniken auf erprobte Praxis. Sie haben sich bewährt – und sie wirken.

Entscheidend für Ihren Erfolg ist jedoch nicht allein das Wissen, sondern dessen konsequente Umsetzung. Ohne Konsequenz bleiben selbst die besten Ansätze wirkungslos.

Ein letzter Rat: Versuchen Sie nicht, alles auf einmal zu verändern. Wählen Sie gezielt die für Sie wichtigste Maßnahme aus – und setzen Sie diese konsequent um. Der daraus entstehende Erfolg wird Sie motivieren, den nächsten Schritt zu gehen.

Denn eines gilt immer: **Erfolg nährt weiteren Erfolg.**

Ich wünsche Ihnen, dass Sie den ersten Schritt in diese Entwicklung mit Überzeugung und Entschlossenheit gehen.

Alexander Heilmann

Inhalt

1. **Was ist erfolgreiche Führung?** 7
   - Prinzipien des Managements 7
   - Der Unterschied zwischen Mitarbeiter und Führungskraft 7
   - Woran erkennt man eine gute Führungskraft? 8
   - Die Kleidung 16
   - Das Auftreten 19
   - Gesellschaftliche Anlässe 20
   - Gesprächsführung 21
   - Qualifikationsmerkmale 23
   - Stressbewältigung 25
   - Die Rolle der Fachqualifikation 26
     - Das Peter-Prinzip 26
   - Der Führungsstil 27
   - Zwei Grundrichtungen der Führung 29
     - 1. Personenorientierte (demokratische) Führung 29
     - 2. Erfolgsorientierte (klare) Führung 29
   - Die Rolle der Kontrolle 31
2. **Führungspraktik für Jungmanager** 32
   - Harte Detailarbeit 32
   - Sich berichten lassen 33
   - Motivation 35
   - Die echten Motivationsfaktoren 39
   - Demotivation 41
   - Unfaire Praktiken 42
   - Gesprächsführung 44
   - Taktisches Vorgehen bei wichtigen Gesprächen, Diskussionen und Vorträgen 45
   - Umgang mit schwierigen Mitarbeitern 49
   - Missbilligung 49
   - Spezielle Situationen 51
   - Entscheiden 52
   - Delegieren 57
   - Sinn und Unsinn der Teamarbeit 59
   - Anweisen 61
   - Überzeugen 64
   - Körpersprache 67
   - Kontrollieren 70
   - Feedback 74

Mitarbeiterförderung 75
Der Stellenwechsel 79
Die Rolle der Führungskraft 80
    Wechsel innerhalb des Unternehmens 80
    Angebote im eigenen Unternehmen 81
Einarbeitung neuer Mitarbeiter 82

3. Führungsinstrumente für das Middle-Management 86

Roulierende Mehrjahresplanung 86
Vom Jahresplan zur Steuerung im Alltag 88
Die roulierende Planung 88
Zielvorgaben 90
Arten von Zielen 91
    1. Geschäftsergebnis-Ziele (direkt wirksam) 92
    2. Organisatorische Ziele (indirekt wirksam) 92
Bonusziele 95
Produktivitätskennziffern (PKZ) 98
Produktivität messen – aber wie? 99
Interne vs. externe Verfahren 100
Notwendiger Personaleinsatz (Headcount) 101
Produktivität im Vertrieb 105
Kontrolle der Arbeitsqualität 106
Messbarkeit von Qualität 106
Qualitätsmessung im Dienstleistungsbereich 107
Zielsteuerung über Qualität 109
Beurteilungsgespräche 110
Organisation von Beurteilungen 111
Das Bewertungssystem 112
Gehalt 115
Leistungsabhängige Vergütung 116
Routinegespräche 117
Round-Table-Gespräche 119
Nachwuchserkennung 123
Schulungspläne 125
Projektplanung 128
Stellenbeschreibungen 131
Bewerbergespräche 135
Assessment-Center 138
Heilmann-Kreis der wichtigsten Führungsinstrumente 139

4. Das Top-Management 140
4.1 Krisenmanagement / Die schwierige Situation 140
Die Rückstandssituation 142
Die Sanierung 146
Die Unternehmenskrise 150
Die Rationalisierung 151
Die neue Position 154
Persönliche Angriffe 160
4.2 Führungsverhalten gegenüber … 164
Kollegen 164
Sekretärin / Assistenz 167
Ehefrau / Partner 171
Fahrer 173
Wesentliche Anforderungen 173
4.3 Organisationsthemen 176
Lean Management 176
Führungsspanne 177
Allroundsachbearbeitung 178
Das Raster-Organigramm 179
Das 3-Punkte-Erfolgssystem 180
Innovationen 184
Profitcenter und Costcenter 187
Produktivitätssteigerung 189
Der Irrtum der großen Lösung 189
Das Verhältnis Linie und Stab 191
Die Tochtergesellschaft 193
5. Das Top-Management als Ziel 195
Karrierefaktoren 195
Das Ziel erreicht 197
Der wahre Alltag an der Spitze 198
6. Die 40 Heilmann-Prinzipien 200
Die Essenz wirksamer Führung 200
Schlussgedanken 202

1. Was ist erfolgreiche Führung?

Prinzipien des Managements

Ziel des Managements ist die Erreichung eines klar definierten Unternehmensergebnisses. Dieses wird nicht zufällig erzielt, sondern durch die gezielte Beeinflussung der Mitarbeiter: durch den systematischen Ausbau ihrer Stärken, den Abbau ihrer Schwächen und die effiziente Organisation aller Arbeitsabläufe.

Der Erfolg guten Managements zeigt sich in messbaren Ergebnissen: in der wirtschaftlichen Leistungsfähigkeit, der Marktposition, der Qualität von Produkten und Prozessen, der Qualifikation der Mitarbeiter sowie in der Innovationskraft eines Unternehmens. Diese Faktoren müssen kontinuierlich überprüft und konsequent weiterentwickelt werden.

Entscheidend ist dabei das Bewusstsein jedes einzelnen Mitarbeiters, Teil dieses Erfolgs zu sein. Dieses Bewusstsein entsteht jedoch nicht von selbst – es muss aktiv geschaffen werden. Voraussetzung dafür sind klare und verbindliche Kommunikationsstrukturen, die Transparenz herstellen und den Informationsfluss sicherstellen.

Ein übergeordnetes Unternehmensziel bleibt wirkungslos, solange es nicht in konkrete, verständliche Teilziele übersetzt wird. Erst wenn jeder Mitarbeiter weiß, welchen Beitrag er in seinem Aufgabenbereich leisten soll, entsteht Orientierung. Die Verantwortung dafür liegt bei der Führungskraft: Sie muss sicherstellen, dass der Zusammenhang zwischen individueller Aufgabe und Gesamtziel verstanden wird.

Wer seine Ziele erreicht, muss Entwicklungsperspektiven erhalten. Erst dadurch entsteht echte Motivation. Mitarbeiter, die erkennen, dass ihre Leistung gesehen und gefördert wird, steigern ihren Beitrag zum Unternehmenserfolg nachhaltig.

Gemeinsam getragene Ziele und Werte bilden die Grundlage jeder leistungsfähigen Unternehmenskultur. Ohne diese Basis sind dauerhaft gute Ergebnisse nicht erreichbar.

Der Unterschied zwischen Mitarbeiter und Führungskraft

Der grundlegende Unterschied ist einfach – und zugleich entscheidend:

- Der Mitarbeiter arbeitet **aufgabenorientiert**.
- Die Führungskraft arbeitet **ergebnisorientiert**.

Der Mitarbeiter sorgt dafür, dass Abläufe funktionieren. Er organisiert, verwaltet und stellt sicher, dass Aufgaben korrekt erledigt werden. Die Führungskraft hingegen gestaltet, entwickelt und schafft Neues. Sie gibt Richtung vor.

Ein weit verbreiteter Irrtum besteht darin, dass mit einer Beförderung automatisch Führung entsteht. Das ist nicht der Fall. Zunächst wird jemand zum Vorgesetzten – nicht zur Führungskraft. Führung muss erst entwickelt, erlernt und bewusst angewendet werden.

Wer sich darauf beschränkt, Arbeit zu verteilen und deren Ausführung zu kontrollieren, führt nicht – er verwaltet. Viele bleiben auf dieser Stufe stehen und halten sich dennoch für Führungskräfte.

Führung ist weder statisch noch passiv. Führung bedeutet, Menschen zielgerichtet zu leiten.

Ein anschauliches Bild ist das des Bergführers: Das Ziel ist der Gipfel. Der Bergführer kennt den Weg, zeigt schwierige Passagen, warnt vor Gefahren und unterstützt seine Gruppe aktiv auf dem Weg nach oben. Genau das ist Führung.

In der Praxis fehlt es jedoch häufig an klaren Zielvorgaben durch die Unternehmensleitung. Das entbindet eine Führungskraft jedoch nicht von ihrer Verantwortung. Im Gegenteil: Sie muss selbst Ziele formulieren – für sich und für ihr Team – und diese konsequent auf ein verbessertes Ergebnis ausrichten.

Eine qualifizierte Führungskraft kennt ihr Ziel und richtet ihr gesamtes Handeln daran aus. Sie erkennt die Stärken ihrer Mitarbeiter, entwickelt diese gezielt weiter und überführt sie in konkrete Ergebnisse.

Ein anspruchsvolles Ziel beinhaltet immer Verbesserung – quantitativ wie qualitativ. Genau dafür wird Führung gebraucht. Und genau dafür wird sie bezahlt.

Wer es nicht schafft, Qualität und Leistung zu steigern, erfüllt die Führungsaufgabe nicht. Umgekehrt gilt: Ein Mitarbeiter, der kontinuierlich verbessert, beginnt bereits, Führung zu übernehmen.

Die zentrale Frage jeder Führungskraft lautet daher:
Was will ich konkret verbessern – und wie?
Erst die konsequente Umsetzung dieser Verbesserungen macht Führung wirksam.

Niemand ist zum Führen geboren

Woran erkennt man eine gute Führungskraft?

Eine gute Führungskraft erkennt man an zwei Merkmalen:

- **Sie hat Erfolg.**
- **Sie hat Biss.**

Erfolg ohne Biss ist Zufall. Biss ohne Erfolg ist Wirkungslosigkeit.

Biss bedeutet: Initiative, Leidenschaft und der unbedingte Wille, Verantwortung zu übernehmen.

Diejenigen, die über Biss verfügen, sind Macher. Sie entwickeln Ideen – und setzen sie um. Sie planen nicht nur, sie handeln. Sie treiben Prozesse voran, überwachen deren Umsetzung und bleiben konsequent am Ball, bis ein Ergebnis erreicht ist.

Ein „Kümmerer" delegiert nicht einfach und wendet sich dann anderen Dingen zu. Er begleitet Aufgaben bis zum Abschluss und übernimmt Verantwortung für das Ergebnis.

Wie es Hans Gerling (früher Chef des Gerling-Konzerns, Köln), treffend formulierte: *„Im Durchsetzen von Ideen erkennt man den Unternehmer – die anderen sind nur Verwalter."* (Hans Gerling, früher Chef des Gerling-Konzerns, Köln)

Eine gute Führungskraft überlässt nichts dem Zufall. Sie arbeitet mit klaren Zielvorstellungen, kennt den aktuellen Stand und definiert die notwendigen Schritte zum Ziel. Sie setzt Zwischenziele, überprüft kontinuierlich den Fortschritt und reagiert konsequent auf Abweichungen.

Und vor allem: **Sie gibt nicht auf.**

Zur Festlegung von Zielen gehört zudem eine sorgfältige gedankliche Vorwegnahme möglicher Entwicklungen. Maßnahmen, die ausschließlich „aus dem Bauch heraus" entschieden werden, bergen erhebliche Risiken.

Viele Misserfolge wären vermeidbar, wenn Entscheidungen systematisch durchdacht und ihre Auswirkungen im Vorfeld geprüft würden. Vorausschauendes Handeln ist daher kein Luxus – sondern eine zentrale Führungsaufgabe.

„Zu Ende denken" heißt die Devise!

Sich zu kümmern und Dinge konsequent zu Ende zu denken, ist anstrengend. Es erfordert Disziplin, Klarheit und Durchhaltevermögen. Genau deshalb organisiert sich eine gute Führungskraft so, dass sie ihre Aufgaben effizient und zielgerichtet bewältigen kann.

Sie definiert sich nicht über Präsenz, sondern über Wirkung.

Wer glaubt, Führung durch lange Anwesenheit zu beweisen – als Erster zu kommen, als Letzter zu gehen und selbst Wochenenden und Urlaube zu opfern –, verwechselt Einsatz mit Ergebnis. Anwesenheit ist keine Leistung.

Effizienz – nicht Präsenz – ist entscheidend.

Oder, wie ein Unternehmer einmal drastisch formulierte: *„Ich bezahle nicht Ihren Hintern, sondern Ihr Hirn."*

Mut zur Entscheidung

Eine gute Führungskraft trifft Entscheidungen – auch dann, wenn sie schwierig oder unangenehm sind.

Es gibt Maßnahmen, die notwendig sind und dennoch Widerstand hervorrufen. Z. B. ist das Wegrationalisieren von Arbeitsplätzen stets die schwierigste Entscheidung eines Managers. Wer Vergnügen daran findet, sollte ebenso wenig Platz im Unternehmen haben, wie derjenige, der sich dazu nicht in der Lage sieht. Führung zeigt sich im Umgang mit dem Unangenehmen.

Eine zentrale Frage in solchen Situationen lautet:

Was würde ich tun, wenn ich keine Angst hätte?

Die Antwort darauf ist richtungsweisend – und muss zur Handlung führen.

Überwindung gehört zur Führung. Anfangs fällt sie schwer, oft begleitet von Zweifeln oder dem Gefühl, nicht perfekt gehandelt zu haben. Doch mit jeder bewältigten Situation wächst die Sicherheit.

Entscheidend ist nicht das persönliche Empfinden, sondern das Ergebnis.

Wer unangenehme Entscheidungen aufschiebt, verlängert lediglich die Belastung. Deshalb gilt:

Notwendige Unannehmlichkeiten – sofort.

Leistung statt Beliebtheit

Der Erfolg einer Führungskraft bemisst sich nicht an ihrer persönlichen Leistung allein, sondern vor allem an der Leistung ihrer Mitarbeiter.

Beliebtheit ist dabei kein Maßstab.

Führungskräfte, die Konflikte vermeiden und niemals anecken, werden oft geschätzt – aber selten respektiert. Ohne Respekt fehlt die Durchsetzungskraft.

Eine gute Führungskraft wird geachtet – sie muss nicht geliebt werden!

Ein verlässlicher Indikator für Führungsqualität ist die Qualität der engsten Mitarbeiter. Wer starke Menschen um sich versammelt und sie zur Entfaltung bringt, führt wirksam.

Führung bedeutet, zu wissen, was zu tun ist – und andere dafür zu gewinnen, diesen Weg mitzugehen.

Einsamkeit der Führung

Mit zunehmender Verantwortung wächst die Distanz.

Führungskräfte bewegen sich in einem Spannungsfeld: zwischen Mitarbeitern, Kollegen und übergeordneten Ebenen. Echte Unabhängigkeit bringt zwangsläufig eine gewisse Einsamkeit mit sich.

Auch unter Kollegen sind Beziehungen häufig von Interessen geprägt. Kooperation besteht – solange sie nützt. Konkurrenz entsteht – oft schneller als erwartet.

Wer das ignoriert, handelt naiv.

Das bedeutet nicht, misstrauisch zu leben, sondern realistisch zu führen.

Verlassen Sie sich nicht auf Fairness – aber handeln Sie selbst fair.

Denn eigene Fairness schafft Vertrauen, Selbstsicherheit und langfristige Stabilität. Unfaires Verhalten hingegen erzeugt Gegenreaktionen – oft zu einem Zeitpunkt, an dem man sie am wenigsten gebrauchen kann.

Gleichzeitig gilt: Wer andere in schwierigen Phasen unterstützt, investiert in Beziehungen, die sich später auszahlen können.

Erfahrung ist Kapital

Führung ist keine Frage des Alters.

Jüngere Führungskräfte bringen Dynamik, ältere bringen Erfahrung. Gerade in komplexen oder kritischen Situationen zeigt sich der Wert von Erfahrung: Sie ermöglicht bessere Einschätzung, schnellere Orientierung und sicherere Entscheidungen.

Unternehmen, die ausschließlich auf junge Führungskräfte setzen, verzichten oft leichtfertig auf wertvolles Wissen.

Die Leistungsfähigkeit entscheidet – nicht das Geburtsdatum.

Der entscheidende Faktor: Wille

Erfolgreiche Führungskräfte unterscheiden sich in Stil, Persönlichkeit und Vorgehensweise. Doch eines haben sie gemeinsam:

Sie tun die richtigen Dinge – zur richtigen Zeit.

Dieses Verhalten ist erlernbar.

Menschen mit Führungsambitionen lassen sich grob in drei Typen einteilen:

- die Gefühlsorientierten
- die Denkorientierten
- die Willensorientierten

Wer primär gefühlsgetrieben handelt, ist im Erfolgsfall oft vom Zufall abhängig. Der Denker analysiert – häufig mit Blick auf Vergangenes. Doch Führung richtet sich auf die Zukunft.

Deshalb dominiert bei erfolgreichen Führungskräften der Wille.

Der Wille ist kein Gegensatz zur Intelligenz – aber er setzt sie in Bewegung.

Es ist kein Widerspruch, dass sich hochintelligente Menschen nicht durchsetzen können, wenn ihnen der entschlossene Wille fehlt – während willensstarke Persönlichkeiten mit geringerer analytischer Tiefe Führung übernehmen und Ergebnisse erzielen.

Wie erreiche ich eine Führungsposition?

Führungspositionen werden an Menschen vergeben, die durch Leistung überzeugen. Das ist die Grundlage – aber nur die halbe Wahrheit.

Die Realität verlangt mehr: **Leistung muss sichtbar sein.**

Denn über Beförderungen entscheidet selten nur der direkte Vorgesetzte. Häufig sind es übergeordnete Instanzen – der Chef des Chefs oder ein ganzes Gremium. Für sie zählt nicht nur die tatsächliche Leistung, sondern auch deren Wahrnehmung.

Ein Vorgesetzter wird einen Mitarbeiter leichter durchsetzen können, wenn dessen Fähigkeiten bereits bekannt und anerkannt sind. Wer aufsteigen will, muss daher nicht nur gut arbeiten, sondern auch dafür sorgen, dass die richtigen Personen davon erfahren.

Tue Gutes – und rede darüber.

Das bedeutet nicht Selbstinszenierung um jeden Preis, sondern gezielte Präsenz bei relevanten Gelegenheiten:

- in Fachgesprächen
- in Besprechungen
- in Präsentationen
- in Kundengesprächen
- bei nachweisbaren Erfolgen

Ein Lob sollte man annehmen – ohne falsche Bescheidenheit. Wer sich permanent zurücknimmt, läuft Gefahr, übersehen zu werden.

Gleichzeitig gilt: Sichtbarkeit braucht Fingerspitzengefühl. Wer sich auf Kosten anderer profiliert, schafft Widerstände, die sich später rächen können.

Ein einmaliger Erfolg genügt nicht. Entscheidend ist Kontinuität. Erst wiederholte, verlässliche Leistung verankert sich im Bewusstsein der Entscheider.

Ebenso wichtig ist ein tragfähiges Netzwerk: Gute Kontakte innerhalb des Unternehmens und zu Kunden verstärken die eigene Wahrnehmung – oft wirksamer, als es die eigene Darstellung je könnte.

Die Führungspersönlichkeit

Die Blender

Es gibt sie in jeder Organisation – bis in höchste Ebenen: die Blender.

Charismatisch, redegewandt, oft beeindruckend im Auftreten. Sie verstehen es, Aufmerksamkeit auf sich zu ziehen und andere zu überstrahlen – nicht selten auch fähigere Kollegen.

Doch ihre Stärke ist zugleich ihre Gefahr.

Sie setzen Ideen durch – unabhängig davon, ob diese richtig sind. Ihre Durchsetzungskraft ist nicht an Qualität gebunden. Gerade darin liegt ihr Risiko: Sie können funktionierende Systeme destabilisieren oder zerstören.

Gute Führer sind immer stark – aber starke Führer sind nicht immer gut.

Gutes Management und schlechte Ergebnisse, das gibt es nicht!

Ihr Einfluss reicht oft so weit, dass selbst Misserfolge überzeugend dargestellt oder relativiert werden. In extremen Fällen gelingt es ihnen, Entscheidungsträger zu beeinflussen oder von sich abhängig zu machen.

Die Schäden werden häufig erst sichtbar, wenn es zu spät ist.

Die Schattenseite des Erfolgs

Mit wachsender Macht steigt die Gefahr der Selbstüberschätzung.

Erfolg kann isolieren. Kritik wird seltener geäußert – oder gar nicht mehr zugelassen. Ein Kreis von Zustimmenden entsteht, der weniger aus Überzeugung als aus Anpassung handelt.

Dabei wird leicht übersehen:

Die Verbeugung gilt immer nur dem Thron, nicht dem Inhaber!

Sobald sich die Machtverhältnisse ändern, ändern sich oft auch die Bewertungen. Wer gestern gefeiert wurde, wird morgen infrage gestellt.

Unfaires Verhalten mag kurzfristig Vorteile bringen – langfristig erzeugt es Gegenkräfte, die sich nicht kontrollieren lassen.

Eigene Fairness hingegen schafft Vertrauen, Stabilität und Selbstsicherheit.

Charisma – überschätzt?

Charisma beeindruckt. Es kann Räume füllen und Menschen beeinflussen.

Doch Charisma ist kein Garant für gute Führung.

Es ersetzt weder klare Zielvorstellungen noch fundierte Entscheidungen. Wer glaubt, allein durch Ausstrahlung dauerhaft führen zu können, überschätzt ihre Wirkung.

Entscheidender ist etwas anderes: **Selbstsicherheit.**

Nur wer von der Richtigkeit seines Handelns überzeugt ist, kann Vertrauen erzeugen. Diese Sicherheit wirkt nachhaltiger als jede charismatische Inszenierung.

Die echten Macher

Die wirklichen Leistungsträger stehen selten im Rampenlicht.

Sie definieren sich nicht über öffentliche Wahrnehmung, sondern über Ergebnisse. Sie suchen nicht die Bühne, sondern die Wirkung.

Ihr Fokus liegt auf der Aufgabe – nicht auf der eigenen Darstellung.

Sie arbeiten konsequent an der Verbesserung ihrer Leistung, ohne sich in Selbstdarstellung zu verlieren. Ihr Erfolg zeigt sich nicht im Applaus, sondern in Zahlen, Ergebnissen und nachhaltiger Entwicklung.

Sie bleiben belastbar, weil sie ihre Kräfte sinnvoll einsetzen. Ihr Zeitmanagement ermöglicht Leistung – und zugleich ein stabiles persönliches Umfeld.

Nur solche Persönlichkeiten können dauerhaft auch autoritär führen – weil ihre Kompetenz außer Zweifel steht.

Das Gegenteil ist der inkompetente Bürokrat: ohne fachliche Substanz, ohne Durchsetzungskraft, ohne Respekt. Seine Autorität bleibt formal – nicht real.

Was zeichnet den echten Macher aus?

- Fundierte fachliche Kompetenz
- Klare, realistische und durchdachte Ziele
- Vorrang des Unternehmenserfolgs vor persönlichen Interessen
- Ausgeprägter Wille zur Verbesserung
- Konsequenz und Zielstrebigkeit
- Hoher persönlicher Einsatz
- Entscheidungs- und Durchsetzungskraft
- Zuverlässigkeit und Disziplin
- Ehrlichkeit
- Begeisterungsfähigkeit
- Gute Manieren

Gerade der letzte Punkt wird oft unterschätzt.

Gutes Benehmen ist kein dekoratives Element – es ist Teil der Führungskompetenz. Es zeigt sich nicht in besonderen Anlässen, sondern im täglichen Verhalten.

Gutes Benehmen ist keine Frage der Umgebung, es ist allein eine Frage der inneren Einstellung!

Wer es nur situativ einsetzt, beherrscht es nicht.

Führungskräfte achten darauf – bewusst oder unbewusst. Fehlende Umgangsformen können selbst fachliche Qualifikation entwerten.

Fazit

Der Weg in die Führung verlangt mehr als Leistung:

- Sichtbarkeit
- Konsequenz
- Charakter
- und die Fähigkeit, Ergebnisse zu liefern

Wer diese Elemente verbindet, wird wahrgenommen – und bekommt die Chance zu führen.

Das ist ein besonders markantes Kapitel – direkt, klar und mit vielen einprägsamen Regeln. Ich habe Ihren Text sprachlich verdichtet, strukturiert und stilistisch geschärft, sodass er noch prägnanter wirkt, ohne Ihre Haltung zu verwässern.

Sag nie ja, wenn du nein sagen willst!

Wer gegen seine Überzeugung „Ja" sagt, handelt nicht nur unehrlich gegenüber anderen – sondern vor allem gegenüber sich selbst. Er erzeugt unnötige Spannungen, trifft falsche Entscheidungen und verliert an Klarheit.

Führung beginnt mit innerer Konsequenz.

Eine gute Führungskraft verfolgt ihre als richtig erkannten Ziele mit Disziplin und Beständigkeit. Sie weicht nicht aus, sie relativiert nicht – und sie passt sich nicht opportunistisch an.

Konsequenz ist keine Option – sie ist Voraussetzung.

Selbstdisziplin ist dabei der entscheidende Faktor. Ohne sie wird Führung beliebig.

Führungsautorität

Führungsautorität entsteht nicht durch Position – sondern durch Ausstrahlung.

Und diese Ausstrahlung hat eine klare Grundlage:

Selbstsicherheit.

Selbstsicherheit wiederum entsteht nur dort, wo Klarheit herrscht:

- Klarheit über Ziele
- Klarheit über Prioritäten
- Klarheit über den eigenen Weg

Wer nicht weiß, was er will, wirkt unsicher – und wird auch so wahrgenommen. Solche Führungskräfte geraten ins Schwimmen, zögern, vermeiden Entscheidungen.

Ganz anders die Führungskraft mit klarem Ziel: Sie handelt entschlossen, argumentiert überzeugend und gibt Orientierung.

Ihre Präsenz ist geprägt von:

- Ruhe
- Entschlossenheit
- Ernsthaftigkeit
- Kraft

Nichts verschafft mehr Ansehen als sichtbare Ergebnisse und entschlossene Initiativen. Sie motivieren Mitarbeiter, schaffen Vertrauen und setzen Energie frei.

Autorität und Akzeptanz

Führungsautorität und Führungsakzeptanz sind untrennbar miteinander verbunden.

Akzeptanz entsteht nicht durch Macht, sondern durch Nutzen.

Mitarbeiter wollen:

- den Sinn ihrer Arbeit verstehen
- sich weiterentwickeln
- Perspektiven erkennen

Die Führungskraft, die diese Bedürfnisse erkennt und fördert, gewinnt automatisch Zustimmung. Sie überzeugt, weil sie mehr weiß, mehr kann – und bereit ist, dieses Wissen weiterzugeben.

Der Blick nach oben

Für den Aufstieg in höhere Ebenen sind zusätzliche Fähigkeiten entscheidend:

- frühzeitiges Erkennen von Trends
- Gespür für Wettbewerbsvorteile
- Verständnis für Kunden- und Vertriebsbedürfnisse
- Fähigkeit zur organisatorischen Verbesserung

Hier unterscheiden sich Top-Manager von durchschnittlichen Führungskräften.

Auftreten ist Wirkung

Wer führen will, muss auch wie eine Führungskraft auftreten.

Das beginnt mit der Körperhaltung:

- aufrecht gehen
- stabil stehen
- bewusst auftreten

Haltung signalisiert Sicherheit. Unsicherheit zeigt sich körperlich – und wird sofort wahrgenommen.

Ein fester, angemessener Händedruck vermittelt Entschlossenheit. Eine schlaffe Geste signalisiert das Gegenteil.

Führung ist immer auch Wirkung nach außen.

Die Kleidung

Erscheinungsbild ist kein Nebenthema – es ist Teil der Führungswirkung.

Die Grundregel lautet: **klassisch, dezent, gepflegt.**

Nicht auffallen – überzeugen.

Qualität darf sichtbar sein, Aufdringlichkeit nicht.

Einige Grundprinzipien:

- Kleidung passt zur Position, nicht zur Laune
- Farben sind zurückhaltend
- Schnitte sind korrekt und gepflegt
- Details sind stimmig

Unpassende Kleidung lenkt ab – und schwächt die Wirkung.

Details entscheiden

Oft sind es die kleinen Dinge, die den Unterschied machen:

- korrekte Passform
- gepflegte Haare
- saubere, passende Schuhe
- stimmige Accessoires
- angemessener Umgang mit Schmuck

Wer hier nachlässig ist, signalisiert fehlende Sorgfalt.

Gepflegtheit ist Pflicht

Persönliche Hygiene ist kein Detail, sondern Selbstverständlichkeit.

Tägliche Pflege, frische Kleidung und ein dezenter Einsatz von Duft sind Voraussetzung für professionelles Auftreten.

Mickey-Mouse-Schlipse sollten dort getragen werden, wo sie Zustimmung finden: auf Kindergeburtstagen. Sie passen nicht zu einer Vorstands- oder Aufsichtsratssitzung, wenn es auch dort manchmal wie im Kindergarten zugeht.

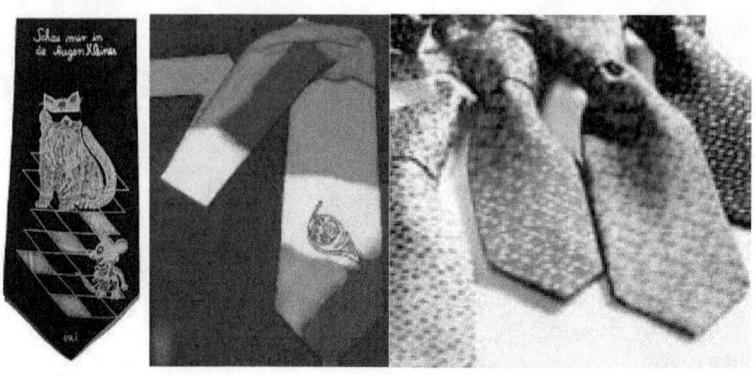

Viele Männer haben Probleme mit der richtigen Länge der Krawatte. Endet die Krawatte schon über der Bauchmitte oder erst über der Mitte des Hosenschlitzes, so sieht das lächerlich aus. Wird der zu lange Schlips in die Hose gestopft, präsentiert der Träger deutlich, dass er zwar die missliche Situation erkannt hat, aber zu bequem war, die Krawatte neu zu binden. Richtigerweise endet die Krawattenspitze zwischen Oberkante und Unterkante der Gürtelschnalle – übrigens ist ein Gürtel Pflicht! Da nicht alle Krawatten die gleiche Länge haben, wird mehrfaches Binden bis zur richtigen Länge unvermeidbar sein.

Vor einem schier unlösbaren Problem stehen Betroffene mit einem dicken Bauch. Hier baumelt der Schlips auch in richtiger Länge in gehörigem Abstand vor der Gürtelschnalle frei in der Luft. Bei geschlossenem Jackett kein Problem.

Damenschmuck wirkt schön und angemessen, wenn er nicht zu auffällig ausfällt. Herrenschmuck sollte sich auf eine schöne Uhr beschränken, die durch ihren Wert beeindruckt, nicht durch eine bunte Bebilderung des Zifferblatts. Herrenringe sind Geschmackssache. Rundhosen sind für Herren nicht angebracht, auch wenn sie früher einmal eine Bügelfalte besaßen, weiße Socken sind schlimm.

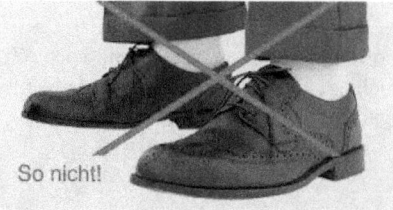

Die Sockenfarbe sollte schwarz sein oder der Farbe des Anzugs entsprechen. Die Socken sollen so lang sein, dass bei übereinandergeschlagenen Beinen zwischen Socken und Anzughose keine stacheligen, weißen Beine hervorleuchten.

Damen tragen grundsätzlich Strümpfe. Das wird im Sommer nicht unbedingt angenehm sein, Schönheit und Gepflegtheit kosten leider ihren Preis.

Speziell an gepflegten Fingernägeln und an gepflegten Schuhen erkennt man die gepflegte Person.

Abgelaufene, schiefe Schuhabsätze, nicht täglich geputzte Schuhe und Ziehharmonikaschuhe sind bei einer Führungskraft nicht akzeptabel. Angebracht sind Schnürschuhe, Slipper sind grundsätzlich zu salopp.

Korrektes Aussehen kostet Mühe, macht sich aber bezahlt!

Ein klarer Grundsatz

Das Managementumfeld ist – unabhängig von Trends – in weiten Teilen konservativ geprägt.

Wer dort erfolgreich sein will, muss diese Spielregeln verstehen und akzeptieren.

Fazit

Führung bedeutet:

- Klarheit statt Anpassung
- Konsequenz statt Bequemlichkeit
- Wirkung statt Zufälligkeit

Und vor allem:

Stehen Sie zu dem, was Sie für richtig halten.

Denn wer ständig „Ja" sagt, obwohl er „Nein" meint, wird niemals führen – sondern getrieben.

Das Auftreten

Der erste Eindruck ist entscheidend

Der erste Eindruck entsteht in Sekundenbruchteilen – und er entsteht unbewusst.

Noch bevor ein Wort gesprochen wird, hat sich das Gegenüber bereits ein Bild gemacht: über Kompetenz, Sympathie und Führungsstärke. Wer führen will, muss verstehen, wie dieser Eindruck entsteht – und wie er bewusst gestaltet werden kann.

Äußeres Erscheinungsbild, Haltung, Mimik und Auftreten wirken dabei zusammen.

Natürliche Voraussetzungen spielen eine Rolle – aber sie sind nicht entscheidend. Sowohl Vorteile als auch Nachteile lassen sich ausgleichen.

- Wer durch sein Aussehen auffällt, sollte bewusst auf Zurückhaltung setzen.
- Wer weniger begünstigt ist, kann durch Pflege, Stil und Qualität überzeugen.

Entscheidend ist nicht die Natur – sondern der Umgang mit ihr.

Sympathie und Wirkung

Ein wesentlicher Faktor des ersten Eindrucks ist Sympathie.

Sie entsteht vor allem durch:

- Gesichtsausdruck
- Blickkontakt
- Grundhaltung

Ein offenes, freundliches Auftreten schafft sofort Zugang. Ein verschlossener oder mürrischer Ausdruck dagegen wirkt abweisend – unabhängig von Kompetenz.

Ebenso wichtig ist die Sicherheit im Auftreten.

Die richtige Balance lautet: **nicht zu zurückhaltend – und nicht zu dominant.**

Souveränität zeigt sich in Gelassenheit. Wer sich sicher fühlt, wirkt sicher.

Wer diese Sicherheit nicht von Haus aus mitbringt, kann sie erlernen – durch bewusste Beobachtung, Übung und Anpassung des eigenen Verhaltens.

Stil als Führungsmerkmal

Zur Akzeptanz einer Führungspersönlichkeit gehört Stil.

Stil zeigt sich:

- in der Kleidung
- im Verhalten
- im Umgang mit anderen
- im Auftreten in der Öffentlichkeit

Besonders sichtbar wird dieser Stil bei geschäftlichen Einladungen.

Gesellschaftliche Anlässe

Ein Geschäftsessen ist mehr als Nahrungsaufnahme – es ist ein Teil der Führung.

Die Führungskraft ist Gastgeber, Moderator und Repräsentant zugleich.

Dazu gehört:

- die Wahl eines angemessenen Restaurants
- sicheres Verhalten in gehobenem Umfeld

- Kenntnis grundlegender Tischregeln

Wer sich unsicher fühlt, sollte lernen – durch Beobachtung, Übung oder gezielte Vorbereitung.

Sicherer Umgang mit Speisen und Getränken

Gute Tischmanieren lassen sich erlernen – und sie werden erwartet.

Bei der Auswahl von Getränken gilt:

- Zum Essen gehört ein angemessener Wein – kann, muss aber nicht sein
- Wasser wird immer zusätzlich angeboten
- Bei Unsicherheit gilt: einfache, bewährte Entscheidungen treffen

Klassische Orientierung:

- Weißwein zu Fisch und hellem Fleisch
- Rotwein zu dunklem Fleisch

Wichtiger als Detailwissen ist Sicherheit im Auftreten.

Unsicherheit wirkt stärker als eine nicht perfekte Wahl.

Verhalten bei Tisch

Einige Grundregeln:

- Der Gastgeber eröffnet Essen und Trinken
- Gäste folgen seiner Initiative
- Wein wird lediglich auf Fehler geprüft – nicht bewertet
- Gläser werden am Stiel gehalten

Als Eingeladener kritisiert man nicht.

Kritik trifft immer auch den Gastgeber – und ist daher unangebracht.

Gesprächsführung

Die Führungskraft trägt Verantwortung für die Gesprächsatmosphäre.

Wenn keine geschäftlichen Themen dominieren, sorgt sie für angemessenen Small Talk.

Geeignete Themen:

- aktuelle Ereignisse
- Reisen
- Hobbys
- allgemeine Interessen

Mit Vorsicht zu behandeln:

- Politik
- Religion
- polarisierende Themen

Gute Gesprächsführung bedeutet:

- Interesse zeigen
- zuhören können
- den Gesprächspartner einbeziehen

Ein häufiger Fehler: Fragen stellen, ohne echtes Interesse an der Antwort zu zeigen. Das wird sofort wahrgenommen – und wirkt respektlos.

Sitzordnung und Rolle des Gastgebers

Der Gastgeber strukturiert die Situation:

- Er bestimmt die Sitzordnung
- Er integriert Gäste
- Er sorgt für ausgewogene Gespräche

Typischerweise:

- ranghöchster Gast rechts
- nächsthöherer links
- bewusste Mischung der Gesprächspartner

Auch hier zeigt sich Führung im Detail.

Typen von Gesprächspartnern

Man unterscheidet drei Grundtypen:

- den Vielredner
- den Zuhörer
- den Ausgewogenen

Die besten Gespräche entstehen zwischen Ausgewogenen – Menschen, die sprechen und zuhören können.

Zwei Vielredner konkurrieren. Zwei Zuhörer schweigen.

Die Führungskraft erkennt diese Dynamik – und steuert sie.

Der entscheidende Punkt

Auftreten ist kein Zufall.

Es ist das Ergebnis von:

- Bewusstsein

- Übung
- Disziplin

Es entscheidet darüber, wie Kompetenz wahrgenommen wird.

Fazit

Der erste Eindruck:

- entsteht sofort
- wirkt lange nach
- ist steuerbar

Wer führen will, muss ihn gestalten.

Denn: **Menschen folgen nicht nur Kompetenz – sie folgen Wirkung.**

Qualifikationsmerkmale

Die Qualität einer Führungskraft zeigt sich nicht zuletzt in ihrer **Durchsetzungsfähigkeit**.

Wer spürt, dass es daran mangelt, kann daran arbeiten. Mentale Stärke ist kein Zufall – sie lässt sich gezielt entwickeln.

Ein Blick in die Sportpsychologie zeigt interessante Parallelen: Erfolgreiche Sportler verstärken positive Aktionen bewusst – etwa durch Gesten, Körperspannung oder Ausrufe. Misslungene Aktionen hingegen werden mental korrigiert, um falsche Abläufe nicht zu verfestigen.

Übertragen auf die Führung bedeutet das:

- Erfolg bewusst verankern
- Zielklarheit mental stärken
- Unsicherheit aktiv durch Handlung ersetzen

Entscheidend ist die innere Haltung:

„Das will ich durchsetzen."

Wer diese Haltung verinnerlicht, gewinnt an Klarheit – und damit an Wirkung.

Emotion schlägt Argument

Führung ist nicht nur rational – sie ist immer auch emotional.

Argumente überzeugen den Verstand. Emotionen bewegen zum Handeln.

Begeisterung wirkt ansteckend. Resignation wirkt ebenso – nur in die falsche Richtung.

Deshalb gilt: **Wer Mitarbeiter zum Erfolg führen will, muss Emotionen erzeugen.**

Eine Führungskraft, die ihre Botschaften mit der richtigen emotionalen Haltung vermittelt, wird deutlich mehr erreichen als jemand, der ausschließlich sachlich argumentiert.

Freundlichkeit als Führungsprinzip

Souveränität zeigt sich nicht in Überheblichkeit, sondern in Haltung.

Eine echte Führungspersönlichkeit ist:

- respektvoll
- aufmerksam
- freundlich

Und zwar gegenüber jedem – unabhängig von Position oder Funktion.

Freundlichkeit ist kein Zeichen von Schwäche, sondern ein Ausdruck von Stärke.

Sie wirkt:

- nach innen (im Team)
- nach außen (bei Kunden und Partnern)

Dabei gilt ein einfacher Grundsatz:

Das Verhalten der Führung prägt das Verhalten der Organisation.

Oder anders formuliert: Die Kultur folgt der Spitze.

Gelassenheit und Selbstverständnis

Wer führen will, darf sich selbst nicht überschätzen.

Gelassenheit entsteht, wenn man erkennt:

- Niemand ist unersetzlich
- Verantwortung ist eine Rolle, kein Besitz

Die besten Führungskräfte sichern nicht ihre eigene Position – sie sichern die Funktionsfähigkeit des Systems.

Sie:

- schaffen Strukturen
- entwickeln Nachfolger
- machen sich nicht künstlich unentbehrlich

Das ist wahre Stärke.

Lernen als Daueraufgabe

Gute Führungskräfte hören nie auf zu lernen.

Sie:

- fragen nach
- geben Wissenslücken zu
- nutzen jede Gelegenheit zur Weiterentwicklung

Wer glaubt, alles zu wissen, hört auf, besser zu werden.

Besonders wertvoll ist dabei:

- Lernen von Vorgesetzten
- Lernen von Kollegen
- Lernen aus Fehlern – eigenen und fremden

Realitätssinn

Eine der wichtigsten Fähigkeiten ist die Fähigkeit zur klaren Wahrnehmung.

Man muss die Dinge sehen, wie sie sind.

- Schlechte Leistung bleibt schlechte Leistung
- Schwache Ergebnisse bleiben schwach

Schönreden hilft nicht – es verzögert nur notwendige Maßnahmen.

Wer Realität ausweicht, verliert Kontrolle.

Stressbewältigung

Führung bringt Belastung mit sich.

Stress entsteht:

- durch Verantwortung
- durch Druck
- durch Konflikte

Ein wirksamer Ansatz ist die bewusste körperliche Entspannung.

Körper und Geist sind eng verbunden:

- Muskelanspannung verstärkt Stress
- Muskelentspannung reduziert ihn

Schon einfache Maßnahmen helfen:

- bewusste Entspannung der Gesichtsmuskulatur
- Lockerung von Schultern und Händen
- kontrollierte Atmung

Regelmäßig angewendet, steigern sie die mentale Stabilität deutlich.

Die Rolle der Fachqualifikation

Fachliche Kompetenz ist wichtig – aber sie reicht nicht aus.

Der häufigste Fehler: Hervorragende Fachkräfte werden befördert – und scheitern als Führungskräfte.

Warum?

Weil sie:

- zu wenig delegieren
- zu viel selbst erledigen
- Mitarbeiter nicht entwickeln

Führung bedeutet nicht, Dinge besser zu machen – sondern andere dazu zu befähigen, sie gut zu machen.

Deshalb gilt:

Delegationsfähigkeit ist wichtiger als Fachqualifikation.

Das Peter-Prinzip

Ein bekanntes Phänomen ist das sogenannte Peter-Prinzip:

Menschen steigen so lange auf, bis sie die Stufe ihrer Unfähigkeit erreichen.

Gerade Fachkräfte sind davon besonders betroffen. Sie versuchen, in der neuen Rolle das fortzusetzen, was sie zuvor erfolgreich gemacht hat – und scheitern genau daran.

Denn Führung ist eine neue Aufgabe – keine Fortsetzung der alten.

Grenzen der Ausbildung

Ein strukturelles Problem bleibt:

Schulungen werden oft von Personen durchgeführt, denen echte Führungserfahrung fehlt.

Das führt zu einem Kreislauf:

- Unzureichende Ausbildung
- Fehlende Praxisnähe
- begrenzte Wirksamkeit

Standardseminare und einfache Erfolgsversprechen helfen hier nicht weiter.

Führung lässt sich nicht durch Parolen erlernen.

Und ganz bestimmt helfen nicht die „Sie können alles erreichen"-Seminare von hochverdienenden Seminar-Gurus. Diese Seminare eignen sich mehr zur Stimmungsmache für Außendienstmitarbeiter, nicht für Führungskräfte.

Der Pförtner wird nicht zum Vorstandsvorsitzenden, auch wenn er nach einem Barfußlauf über glühende Kohlen daran glaubt!

Wie entstehen gute Führungskräfte?

Die besten Führungskräfte entwickeln sich durch:

- Erfahrung
- Beobachtung
- Reflexion
- kontinuierliches Lernen

Sie lernen:

- von guten Vorbildern
- von schlechten Beispielen
- aus eigenen Erfolgen und Fehlern

Und sie entwickeln ein Gespür dafür, was Substanz hat – und was nicht.

Sie folgen keinen Moden. Sie orientieren sich an dem, was wirkt.

Fazit

Führungskompetenz entsteht durch:

- Durchsetzungsstärke
- emotionale Wirkung
- persönliche Haltung
- Lernbereitschaft
- Realitätssinn

Nicht durch Titel. Nicht durch Fachwissen allein.

Sondern durch die Fähigkeit, Menschen zu Ergebnissen zu führen.

Der Führungsstil

Die Diskussion über den „richtigen" Führungsstil geht am Kern vorbei.

Entscheidend sind die Ergebnisse – nicht der Stil.

Ob eine Führungskraft demokratisch oder autoritär führt, ist zweitrangig. Maßgeblich ist allein, ob sie die gewünschten Resultate erzielt.

Wer sich zu sehr mit Stilfragen beschäftigt, verliert leicht das Wesentliche aus dem Blick: das Geschäftsergebnis.

Modeerscheinungen statt Substanz

Kaum ein Bereich im Management unterliegt so stark wechselnden Trends wie der Führungsstil.

Begriffe wie:

- Lean Management
- Total Quality Management
- Kaizen
- Business Reengineering

wurden zeitweise wie Allheilmittel behandelt.

Dabei gerieten grundlegende Tugenden in den Hintergrund:

- Effizienz
- Konsequenz
- Ordnung
- Ehrlichkeit
- Zuverlässigkeit
- Pünktlichkeit

Doch genau diese klassischen Prinzipien sind die tragende Basis jeder erfolgreichen Führung.

Nicht jede Methode lässt sich beliebig übertragen. Was in einem kulturellen oder industriellen Kontext funktioniert, muss nicht automatisch in einem anderen wirksam sein.

Erfahrung statt Theorie

Führung wird seit jeher praktiziert – in der Familie, im Militär, in Organisationen.

Dort, wo es auf Verlässlichkeit und Ergebnis ankommt, haben sich klare, verbindliche Führungsformen durchgesetzt.

Im Gegensatz dazu stehen viele theoretische Modelle, die von Personen entwickelt werden, die selbst nie geführt haben.

Was oft fehlt, sind praxisnahe Hinweise von Führungskräften, die ihren Erfolg bewiesen haben.

Die Rolle der Theorie

Theorien können Orientierung geben – sie ersetzen jedoch keine Führung.

Ein Übermaß an Modellen und Konzepten führt häufig zu:

- Unsicherheit

- Entscheidungsverzögerung
- fehlender Klarheit

Besonders problematisch wird es, wenn Führungskräfte ohne ausreichende Praxiserfahrung ihr Wissen weitergeben.

Das Ergebnis:

- wenig Umsetzbarkeit
- geringe Wirkung

Externe Berater – Hilfe oder Symptom?

Wenn Unternehmen ihre Führungsprobleme nicht mehr selbst lösen, greifen sie häufig auf externe Berater zurück.

Das kann sinnvoll sein – wenn gezielt Kompetenz ergänzt wird.

Oft ist es jedoch ein Warnsignal:

Ein Management, das seine Kernaufgaben auslagert, zeigt ein Führungsdefizit.

Denn Führung, Steuerung und Organisation gehören zu den ureigenen Aufgaben des Managements.

Zwei Grundrichtungen der Führung

Im praktischen Alltag lassen sich zwei grundlegende Ausrichtungen unterscheiden:

1. Personenorientierte (demokratische) Führung

Merkmale:

- hoher Freiraum für Mitarbeiter
- Einbindung in Entscheidungen
- starke Betonung von Beziehungen
- Führung durch Überzeugung

Ziel ist es, Akzeptanz durch Beteiligung zu erreichen.

2. Erfolgsorientierte (klare) Führung

Merkmale:

- klare Zielvorgaben
- strukturierte Aufgabenverteilung
- enge Begleitung und Kontrolle
- konsequente Umsetzung

Ziel ist es, Ergebnisse effizient zu erreichen.

Der entscheidende Unterschied in der Praxis

Ein demokratisch orientierter Manager:

- diskutiert ausführlich
- bezieht viele Meinungen ein
- lässt Freiräume
- verzichtet weitgehend auf Kontrolle

Ein klar ergebnisorientierter Manager:

- definiert Ziele eindeutig
- gibt Richtung vor
- entscheidet schneller
- bleibt nah an der Umsetzung

Welche Führung ist erfolgreicher?

Erfahrungen zeigen:

- Straff geführte Teams arbeiten schneller
- Ergebnisse sind häufig besser
- Zufriedenheit entsteht durch Erfolg
- Respekt gegenüber der Führungskraft ist höher

Interessanterweise bevorzugen selbst Mitarbeiter, die Freiheit schätzen, oft klare Führung – weil sie Orientierung gibt.

Fehlende Führung wird häufig nicht als Freiheit, sondern als Desinteresse wahrgenommen.

Ein verbreiteter Irrtum

Führung bedeutet nicht, es allen recht zu machen.

Der Manager ist kein Freund – sondern eine integre Führungspersönlichkeit.

Akzeptanz entsteht nicht durch Gefälligkeit, sondern durch:

- Klarheit
- Kompetenz
- Verlässlichkeit

Gefahr des „Laisser-faire"

Viele vermeintlich „moderne" Führungsansätze führen in der Praxis zu:

- Entscheidungsschwäche
- Verantwortungsvermeidung
- mangelnder Orientierung

Ein unklarer, zu passiver Führungsstil erzeugt:

- Frustration
- Ineffizienz
- schwache Ergebnisse

Unter den Führungskräften, die den demokratischen Führungsstil favorisieren, befindet sich die Mehrzahl der schwachen Führer.

Erfolg und Zufriedenheit

Ein zentraler Zusammenhang wird oft übersehen:

Fokus auf Zufriedenheit führt nicht zwingend zu Erfolg. Fokus auf Erfolg führt meist zu Zufriedenheit.

Erfolg erzeugt Motivation, Stolz und Zusammenhalt.

Die Rolle der Kontrolle

Kontrolle wird häufig negativ bewertet – zu Unrecht.

Richtig eingesetzt bedeutet Kontrolle:

- Interesse
- Aufmerksamkeit
- Wertschätzung

Fehlende Kontrolle wird dagegen oft als Desinteresse interpretiert.

Kein Kontakt bedeutet kein Interesse. Kein Interesse wird als Ablehnung empfunden.

Führung ist Präsenz

Regelmäßiger, inhaltlich sinnvoller Kontakt zu Mitarbeitern ist ein wesentlicher Motivationsfaktor.

Dabei geht es nicht um oberflächliche Gespräche, sondern um:

- echtes Interesse an Ergebnissen
- Begleitung der Arbeit
- Feedback und Orientierung

Fazit

Der Führungsstil ist kein Selbstzweck.

Entscheidend ist:

- Klarheit der Ziele

- Konsequenz in der Umsetzung
- Nähe zum Ergebnis

Oder anders gesagt:

Führen muss man spüren.

2. Führungspraktik für Jungmanager

Harte Detailarbeit

Ein gut geführtes Unternehmen oder ein gut geführter Arbeitsbereich funktioniert nicht deshalb so gut, weil sich Führungskraft und Mitarbeiter entspannt zurücklehnen und ein angenehmes Leben führen.

Der Tod des guten Funktionierens heißt Oberflächlichkeit.

Oberflächlichkeit führt unweigerlich zu Verzögerungen, Fehlern und schwachen Ergebnissen. Deshalb darf sie im Führungsalltag niemals geduldet werden.

Mitarbeiter, die oberflächlich denken oder handeln, müssen sofort korrigiert werden.

Die Führungskraft muss unmissverständlich deutlich machen, dass sie Nachlässigkeit und Halbheiten nicht akzeptiert.

Etwas wirklich zu Ende zu denken bedeutet, jedes relevante Detail in die Planung einzubeziehen. Das ist anstrengend. Es ist harte Arbeit. Und gerade weil viele diese Mühe scheuen, liegt darin eine große Chance: Wer gründlicher arbeitet als andere, wird besser sein als andere — oft auch besser als die Konkurrenz.

Häufig entscheiden nicht die großen Ideen, sondern die sauber durchdachten Kleinigkeiten.

Die entscheidenden Fragen lauten:

- Wer macht was?
- Wann geschieht es?
- Wie wird es umgesetzt?
- Was kostet es?
- Welchen Nutzen bringt es?

Diese Fragen müssen aus der Perspektive aller Beteiligten und Betroffenen beantwortet werden. Zu einer seriösen Kosten-Nutzen-Betrachtung gehört dabei auch die Berechnung des Break-even-Points, also jener Umsatzgröße, ab der ein Vorhaben überhaupt in die Gewinnzone kommt.

Manche Projekte würden gar nicht erst begonnen, wenn rechtzeitig erkannt würde, dass der notwendige Umsatz niemals erreichbar ist.

Wer gründlich plant und sauber kalkuliert, reduziert unangenehme Überraschungen. Und damit schützt er nicht nur das Ergebnis, sondern auch sich selbst vor unnötigen Rückschlägen.

Sobald jemand eine Führungsposition übernimmt, muss er die Arbeit in seinem Bereich organisieren. Ohne Organisation geraten selbst gute Einzelaktivitäten durcheinander, widersprechen sich oder neutralisieren einander.

Organisation bedeutet, dafür zu sorgen, dass jeder Mitarbeiter ohne Reibungsverluste an denselben Zielen mitarbeitet.

Dabei darf die Führungskraft nie vergessen: Mitarbeiter funktionieren nicht wie Zahnräder in einer Maschine. Jeder verfolgt auch eigene Interessen. Diese stimmen nicht immer mit den Zielen des Unternehmens oder des Bereichs überein. Genau deshalb muss die Führungskraft aufmerksam beobachten und überall dort eingreifen, wo Aktivitäten beginnen, kontraproduktiv zu werden.

Sich berichten lassen

Mit dem Berichtenlassen beginnt Führung überhaupt erst.

Gerade junge Führungskräfte, die neu in ihre Rolle hineinwachsen, sollten sich das immer bewusst machen.

Besonders bei der Übernahme eines neuen Teams ist die sofortige Demonstration des Führungswillens von entscheidender Bedeutung.

Ein einfaches und sehr wirksames Mittel besteht darin, Mitarbeiter zu sich zu bitten und sie über ihre aktuelle Tätigkeit, ihre Probleme und ihre Erfolge berichten zu lassen.

Aus solchen ersten Gesprächen müssen regelmäßige Berichtstermine entstehen — feste Jours fixes, die Struktur, Verbindlichkeit und Übersicht schaffen.

Wichtig ist dabei: Die Führungskraft fordert den Mitarbeiter ausdrücklich zum Bericht auf. Es darf nicht der Eindruck entstehen, es handele sich bloß um ein lockeres Gespräch unter Gleichrangigen.

Der Mitarbeiter muss spüren, dass er geführt wird. Nur dann entsteht Führungsautorität.

Die Häufigkeit dieser Berichtstermine entscheidet zugleich darüber, ob ein Mitarbeiter eng oder eher locker geführt wird.

- Neue oder problematische Mitarbeiter benötigen engere Führung.
- Gute und verlässliche Mitarbeiter brauchen Freiräume, damit sie sich weiterentwickeln und zu Höchstleistungen finden können.

Die Kunst besteht darin, diese Unterschiede zu erkennen und die Führung daran anzupassen.

Regeln für Berichtstermine

Besonders in Vertriebsorganisationen werden Mitarbeiter regelmäßig zu Meetings zusammengerufen, in denen jeder über seinen Bereich und seine Erfolge berichtet. Solche Treffen sind sinnvoll — aber nur dann, wenn sie streng geführt werden.

Ohne klare Regeln laufen sie schnell aus dem Ruder:

- zeitlich,
- inhaltlich,
- und disziplinarisch.

Dann bringt jeder seine eigenen Zahlen mit, die niemand vergleichen kann. Beschwerden werden breit ausgewalzt. Einzelprobleme werden zu Grundsatzfragen aufgebläht. Und am Ende ist angeblich immer „die Zentrale" schuld.

Das darf eine Führungskraft niemals zulassen.

Für Berichtstermine gelten eiserne Regeln.

Jeder Mitarbeiter berichtet nur in der ihm fest zugewiesenen Zeit. Ist diese Zeit abgelaufen, endet sein Beitrag. Beginnt der nächste Mitarbeiter nicht rechtzeitig, verfällt dessen Zeit.

Berichtet wird ausschließlich auf Grundlage zentral erstellter und für alle einheitlicher Zahlen. Eigene Statistiken, selbst gebastelte Übersichten oder individuell zusammengestellte Erfolgsdarstellungen sind unzulässig.

Über noch nicht abgeschlossene Geschäfte wird nicht berichtet. Solche Vorgänge dürfen auch nicht zur Rechtfertigung schlechter aktueller Zahlen herangezogen werden. Erst wenn ein Geschäft tatsächlich abgeschlossen ist, erscheint es in der Statistik der nächsten Periode. Alles andere führt nur zu Unklarheit, Doppelzählungen und Selbsttäuschung.

Ein Verkaufserfolg darf nicht zweimal zählen — einmal als Ankündigung und später noch einmal als tatsächlicher Abschluss.

Kernaussage

Jungmanager müssen früh lernen:

- Gründlichkeit schlägt Oberflächlichkeit.
- Organisation schlägt Improvisation.
- Führung beginnt mit Verbindlichkeit.
- Berichtswesen schafft Übersicht, Autorität und Disziplin.

Wer das von Anfang an beherzigt, schafft sich die Grundlage für echte Führung.

Motivation

In vielen Unternehmen wird mit großem Aufwand rationalisiert – Prozesse werden optimiert, Kosten gesenkt, Strukturen verschlankt. Dabei gerät jedoch oft etwas Entscheidendes in den Hintergrund:

die innere Bindung der Mitarbeiter an das Unternehmen.

Unternehmenskultur ist kein weiches Thema – sie ist ein harter Erfolgsfaktor.

Wird sie vernachlässigt oder zerstört, etwa durch unbedachte Fusionen oder das Verschwinden gewachsener Unternehmensidentitäten, sind die Folgen gravierend: Die Motivation der Mitarbeiter bricht ein.

Motivation als Antrieb

Spitzenleistungen entstehen nur durch motivierte Mitarbeiter.

Fachliche Qualifikation allein genügt nicht. Erst Motivation sorgt dafür, dass Fähigkeiten auch in Leistung umgesetzt werden.

Motivation ist die Ursache von Verhalten.

Ohne Motivation:

- kein Engagement
- keine Initiative
- keine Spitzenleistung

Information allein genügt nicht. Wissen schafft noch keine Handlung.

Belohnung wirkt – aber unterschiedlich

Motivation entsteht, wenn Mitarbeiter einen Nutzen in ihrer Leistung erkennen.

Dieser Nutzen ist individuell verschieden:

- für den einen ist es Geld
- für den anderen Karriere
- für den nächsten Anerkennung oder persönliche Entwicklung

Deshalb gibt es kein einheitliches Motivationsrezept.

Finanzielle Anreize sind vergleichsweise einfach umzusetzen:

- Mehrleistung wird gemessen
- Mehrleistung wird belohnt

Doch ihre Wirkung ist begrenzt. Jeder Mitarbeiter entscheidet selbst, ob sich zusätzlicher Einsatz „lohnt".

Manchmal wirkt ein freier Tag stärker als eine Gehaltserhöhung.

Das wirksamste Mittel: Anerkennung

Das einfachste und zugleich wirkungsvollste Motivationsinstrument ist:

Lob und Anerkennung.

Richtig eingesetzt:

- konkret
- glaubwürdig
- nicht übertrieben

Wichtig ist die Formulierung: Nicht die Person pauschal loben, sondern die konkrete Leistung.

Beispiel:

- nicht: „Sie sind hervorragend."
- sondern: „Diese Arbeit ist Ihnen besonders gut gelungen."

Zusätzliche Wirkung entsteht, wenn der Mitarbeiter seine Leistung selbst darstellen darf und dabei auf echtes Interesse trifft.

Ein zentraler Mechanismus: **Aufmerksamkeit verstärkt Verhalten.**

Das gilt für:

- positives Verhalten → verstärken
- negatives Verhalten → begrenzen

Konsequenz:

- gute Leistung → häufige Anerkennung
- schlechte Leistung → kurze, klare Korrektur

Vertrauen als Motivation

Wer dauerhaft gute Leistungen bringt, braucht mehr als Lob.

Er braucht:

- Vertrauen
- Verantwortung
- Gestaltungsspielraum

Vertrauen motiviert Leistungsträger besonders stark.

Das bedeutet:

- weniger Kontrolle
- mehr Entscheidungsspielraum
- mehr Eigenverantwortung

Rollen schaffen Verhalten

Mitarbeiter entwickeln sich oft entlang von Erwartungen.

Wer gezielt positive Rollen benennt, verstärkt Verhalten:

- „Unser Problemlöser"
- „Unser Antreiber"
- „Unser Ruhepol"

Wird diese Zuschreibung wiederholt, wächst der Mitarbeiter in diese Rolle hinein.

Kleine Gesten – große Wirkung

Motivation entsteht nicht nur durch große Maßnahmen.

Oft sind es kleine Signale:

- persönliche Aufmerksamkeit
- Anerkennung bei besonderen Anlässen
- kleine Gesten des Interesses

Bei Kleinigkeiten sollte man großzügig sein.

Inszenierung von Erfolg

Auch formale Ereignisse bieten Motivationspotenzial.

Beispiel: Beförderungen.

Sie können:

- beiläufig erfolgen oder
- bewusst inszeniert werden

Ein würdiger Rahmen verstärkt die Wirkung:

- offizieller Anlass
- sichtbare Anerkennung
- Kommunikation im Unternehmen

Das kostet wenig – bewirkt aber viel.

Zuneigung und Haltung

Mitarbeiter spüren sehr genau, ob sie geschätzt werden.

Echte Wertschätzung wirkt motivierend.

Sie zeigt sich durch:

- Interesse
- Zeit
- Kontakt

Auf alle Mitarbeiter wirkt es motivierend, wenn sie spüren, dass der Vorgesetzte sie ehrlich mag!

Dabei gilt: Nähe ja – aber mit Maß. Zu viel Nähe kann Grenzen verwischen.

Gehe nie zu deinem Fürst, wenn du nicht gerufen wirst!

Realität statt Illusion

Ein häufiger Irrtum:

Freundlichkeit, Verständnis und gute Arbeitsbedingungen allein führen nicht zu Höchstleistungen.

Sie verhindern Unzufriedenheit – mehr nicht.

Das sind sogenannte „Hygienefaktoren":

- gute Arbeitsumgebung
- faire Behandlung
- flexible Arbeitszeiten
- angenehme Infrastruktur

Sie sind notwendig – aber nicht ausreichend.

Die echten Motivationsfaktoren

Leistung entsteht durch:

- Aufstiegschancen
- leistungsgerechte Vergütung
- sinnvolle Aufgaben
- Identifikation mit der Tätigkeit
- Verantwortung und Entscheidungsspielraum
- erkennbare Ergebnisse
- Anerkennung

Besonders wichtig:

Der Mitarbeiter muss den Wert seiner Arbeit erkennen.

Verantwortung erzeugt Motivation

Die stärkste Motivation entsteht, wenn eine Aufgabe „zur eigenen Sache" wird.

Das bedeutet:

- klare Zuständigkeit
- Verantwortung für Erfolg und Misserfolg
- eigene Entscheidungsspielräume

Nur dann entsteht echtes Engagement.

Erfolg und Zufriedenheit

Ein entscheidender Zusammenhang wird oft falsch verstanden:

Nicht Zufriedenheit führt zu Erfolg – sondern Erfolg führt zu Zufriedenheit.

Erfolg erzeugt:

- Stolz
- Motivation
- Identifikation

Deshalb muss die Führungskraft zuerst auf Ergebnisse fokussieren.

Motivation durch Perspektive

Auch Status und Entwicklungsperspektiven wirken motivierend:

- Titel
- sichtbare Hierarchien
- materielle Unterschiede

Diese Signale zeigen: Leistung lohnt sich.

Übertriebene Gleichmacherei zerstört diesen Anreiz.

Die Rolle von Unsicherheit

Auch Unsicherheit kann wirken:

Ein gewisses Bewusstsein für Konsequenzen erhöht die Leistungsbereitschaft.

Zu viel Druck lähmt. Zu wenig Druck macht bequem.

Die richtige Balance ist entscheidend.

Grenzen der Motivation

Nicht jeder Mitarbeiter ist dauerhaft motivierbar.

Man unterscheidet:

- nicht motivierbare Mitarbeiter → Trennung
- unsichere Mitarbeiter → Entwicklung möglich

Führung bedeutet, beides zu erkennen.

Akzeptanz als Grundlage

Alle Motivationsmaßnahmen scheitern, wenn die Führungskraft nicht akzeptiert wird.

Wird sie als:

- schwach
- unfähig
- unglaubwürdig

wahrgenommen, entsteht keine echte Motivation.

Dann richtet sich die Energie der Mitarbeiter auf eigene Ziele – nicht auf die des Unternehmens.

Fazit

Motivation entsteht durch:

- Anerkennung
- Verantwortung
- Vertrauen
- klare Ziele
- sichtbaren Erfolg

Nicht durch:

- bloße Freundlichkeit
- reine Arbeitsbedingungen
- leere Versprechen

Und vor allem: **Erfolg ist der stärkste Motivator.**

Demotivation

Neben den Faktoren, die Mitarbeiter motivieren, gibt es selbstverständlich auch Verhaltensweisen und Umstände, die demotivieren. Auch sie muss eine Führungskraft kennen – schon deshalb, um sie im eigenen Verhalten zu vermeiden und in ihrem Umfeld rechtzeitig zu erkennen.

Wer führen will, darf die Realität des Machtgefüges in Unternehmen nicht ausblenden. Nicht überall wird fair gespielt. Nicht jeder handelt nach moralischen Grundsätzen. Wer das ignoriert, wird Schwierigkeiten haben, sich in einem anspruchsvollen Umfeld zu behaupten. Führung verlangt deshalb nicht nur gute Absichten, sondern auch Nüchternheit, Wachsamkeit und die Fähigkeit, unfaire Verhaltensweisen zu durchschauen.

Eine Führungskraft sollte sich daher auch nicht durch den Vorwurf verunsichern lassen, sie verhalte sich zu autoritär, wenn ihr Verhalten zu guten Ergebnissen für die Gesamtheit führt. Idealerweise wird eine Führungskraft sowohl geachtet als auch geschätzt. Gelingt beides nicht zugleich, ist es auf Dauer sicherer, geachtet als bloß beliebt zu sein.

Wesentlich sicherer als geliebt zu werden ist es, geachtet zu werden.

Dabei darf „geachtet" niemals mit „verhasst" verwechselt werden. Verhasst zu sein zerstört Bindung und Zusammenarbeit. Geachtet zu sein dagegen schafft Distanz, Respekt und Stabilität. Gegen eine geachtete Führungskraft gehen Mitarbeiter weit weniger leichtfertig vor als gegen eine bloß beliebte.

Missachtung als Mittel der Demotivation

Die einfachste Form der Demotivation liegt im Entzug von Aufmerksamkeit und Zuneigung. Sie zeigt sich etwa darin, dass ein Mitarbeiter bei Besprechungen übergangen, bei Entscheidungen nicht einbezogen, zu Gruppengesprächen nicht eingeladen oder mit Reaktionen auffällig lange hingehalten wird.

Ein solches Verhalten verunsichert. Der Betroffene spürt, dass etwas nicht stimmt, ohne den Grund immer sofort benennen zu können. Gerade deshalb ist diese Form der Demotivation wirksam.

Wird sie gezielt eingesetzt, um bei einem uneinsichtigen Mitarbeiter eine Verhaltensänderung herbeizuführen, kann sie im Einzelfall noch vertretbar sein – allerdings nur vorübergehend und nur dann, wenn eine positive Veränderung später auch wieder durch Anerkennung beantwortet wird. Geschieht das nicht, bleibt nur Verunsicherung zurück.

Problematisch und charakterlich schwach wird dieses Verhalten dort, wo Vorgesetzte nicht korrigieren, sondern schwächen, demütigen oder verdrängen wollen. Solche Verhaltensweisen finden sich in Unternehmen leider häufiger, als man annehmen möchte.

Unfaire Praktiken

Zu den unerquicklichsten Erfahrungen im Berufsleben gehört es, unfairen Praktiken ausgesetzt zu sein. Führungskräfte erleben sie ebenso wie Mitarbeiter. Gerade deshalb müssen sie diese Mechanismen erkennen.

In einem klar organisierten Unternehmen erhält der Mitarbeiter seine Anweisungen grundsätzlich von seinem direkten Vorgesetzten. Höhere Vorgesetzte sollten nicht an dieser Führungskraft vorbei agieren – es sei denn, eine echte Notsituation macht dies erforderlich.

Wird ein Mitarbeiter jedoch bewusst an seiner direkten Führungskraft vorbei angesprochen, zu Berichten aufgefordert oder mit Aufgaben betraut, ohne dass die zuständige Führungskraft einbezogen oder informiert wird, ist das in der Regel kein Zufall. Dahinter steht häufig der Versuch, die direkt zuständige Führungskraft zu schwächen.

Für den betroffenen Mitarbeiter ist diese Situation meist ambivalent. Einerseits fühlt er sich durch die Aufmerksamkeit geehrt, andererseits gerät er in einen Loyalitätskonflikt. Es wäre falsch, ihn dafür zu maßregeln. Viel wichtiger ist es, ihm ruhig und klar zu vermitteln, dass dieses Vorgehen organisatorisch unsauber ist, man aber gemeinsam vernünftig damit umgehen wird.

Ist die direkte Führungskraft geachtet und spürt der Mitarbeiter ihre grundsätzliche Wertschätzung, wird er sich in einer solchen Lage loyal verhalten und sie umfassend informieren.

Besonders kritisch wird die Lage dann, wenn Entscheidungen bewusst über den Kopf der Führungskraft hinweg getroffen werden.

Wird über den Kopf einer Führungskraft hinweg entschieden, ist das ein Angriff auf ihre Autorität.

Ein solches Verhalten darf nicht hingenommen werden. Hier ist das offene Gespräch notwendig. Die Führungskraft muss klarmachen, dass sie nicht bereit ist, diese Schwächung ihrer Position zu akzeptieren. Da sie sich sachlich im Recht befindet, wird die übergeordnete Stelle häufig einlenken. Geschieht das nicht, ist die Konfrontation ohnehin bereits eröffnet.

Misstrauen als Instrument

Eine weitere unfaire Praxis besteht darin, fremde Bereiche oder „neutrale Stellen" mit Aufgaben zu betrauen, die eigentlich in die Zuständigkeit des Betroffenen fallen, oder dessen Arbeit ohne offene Kommunikation kontrollieren zu lassen. Noch schärfer wirkt dieses Vorgehen, wenn der Betroffene davon nicht direkt, sondern nur auf Umwegen erfährt.

Damit wird gezielt Misstrauen erzeugt. Die Botschaft lautet: Man traut dir nicht, spricht aber nicht offen darüber. Das vergiftet jede Zusammenarbeit.

Ebenso demotivierend wirkt es, wenn wichtige Informationen nicht weitergegeben werden und der Mitarbeiter später so behandelt wird, als hätte er sie kennen müssen. Besonders verletzend wird dies, wenn Nichtwissen dann noch mit abfälligen Bemerkungen oder Gesten quittiert wird. Wiederholt sich dieses Muster, verliert der Mitarbeiter die Sicherheit, nachzufragen. Er zieht sich zurück, aus Angst, erneut bloßgestellt zu werden.

Schwache Führungskräfte nutzen solche Methoden manchmal, um eigene Unsicherheit zu kaschieren. Für das Unternehmen sind sie hoch schädlich.

Überforderung und Druck

Unfaire Vorgesetzte setzen ihre Mitarbeiter bisweilen auch mit bewusst überzogenen Forderungen unter Druck. Die Nichterfüllung wird dann missbilligt, obwohl sie absehbar war. Wiederholt sich dieses Vorgehen, führt es fast zwangsläufig zu Erschöpfung, Frust oder Trennung. Nicht selten ist genau das beabsichtigt.

Ebenso problematisch ist es, wenn zwei Vorgesetzte gemeinsam gegenüber einem einzelnen Mitarbeiter auftreten und Kritik äußern. Für den Betroffenen entsteht dadurch schnell das Gefühl, in die Ecke gedrängt zu werden. Eine gute Führungskraft wird darauf achten, dass so etwas nicht ungewollt geschieht. Eine schwache Führungskraft nutzt die zweite Person hingegen gern als Verstärker eigener Kritik – oder als Schutzschild, um selbst weniger hart zu wirken.

Gerüchte und Informanten

In manchen Unternehmen wirken Gerüchte wie Gift. Wo Führung dem nicht entschieden entgegentritt, breiten sie sich aus und vergiften das Klima. Über Kollegen wird hinter vorgehaltener Hand gesprochen, Verdächtigungen werden gestreut, private oder dienstliche Behauptungen in Umlauf gebracht.

Wer solche Gerüchte aufnimmt, weiterträgt oder sogar gezielt fördert, zerstört Vertrauen und beschädigt das Unternehmen. Noch problematischer wird es, wenn Vorgesetzte sich Informanten halten, die ihnen Material gegen Kollegen oder Mitarbeiter liefern sollen.

Eine starke Führungskraft lässt Gerüchte grundsätzlich ins Leere laufen.

Gerüchte verlieren ihre Macht dort, wo die Führung ihnen keinen Nährboden gibt.

Das setzt allerdings Klarheit voraus. Die Mannschaft muss wissen, dass Gerede über Abwesende nicht geduldet wird und auch Gerüchte über die Führungskraft selbst nicht auf Interesse stoßen. Nur dann wird das Thema allmählich austrocknen.

Anders liegt der Fall, wenn Informationen über tatsächlich geschäftsschädigendes Verhalten gegeben werden. Solche Hinweise dürfen nicht einfach zurückgewiesen werden. Hier ist sorgfältig zu unterscheiden: Geht es um den Schutz des Unternehmens – oder nur darum, einem Kollegen zu schaden?

Besonders unerquicklich wird es, wenn Führungskräfte Informanten offen gegeneinander ausspielen oder deren Namen bewusst nennen, um Unsicherheit zu verbreiten. Damit werden Beziehungen dauerhaft zerstört. Für die Betroffenen gilt in solchen Lagen vor allem eines:

Wer sauber arbeitet, hat weniger zu befürchten.

Gelassenheit ist hier oft die stärkste Antwort. Wer seine Aufgaben ordnungsgemäß erledigt, nachvollziehbar dokumentiert und nichts zu verbergen hat, kann Angriffen mit größerer Ruhe begegnen.

Unsachliche Kritik

Auch unsachliche Kritik ist ein Mittel der Demotivation. Sie wirkt besonders zerstörerisch, wenn sie wiederholt erfolgt, ohne dass eine klare Linie erkennbar ist. Dann weiß der Mitarbeiter oder die Führungskraft irgendwann nicht mehr, woran er oder sie überhaupt noch ist.

Die falsche Reaktion wäre häufig die Rechtfertigung.

Wer sich rechtfertigt, verliert!

Sinnvoller ist es, ruhig und klar die eigene Zuständigkeit, den eigenen Entscheidungsspielraum und die sachliche Grundlage der Entscheidung zu benennen. Nicht Defensive schafft Respekt, sondern Souveränität.

Karrierespiele und gezielte Schwächung

Besonders heikel wird es dort, wo Kollegen oder nachgeordnete Führungskräfte die Schwächen anderer systematisch nutzen, um sich selbst für höhere Positionen ins Spiel zu bringen. Dann werden Fehler betont, Mängel häufiger als nötig hervorgehoben und Verbesserungsvorschläge nicht aus Interesse an der Sache, sondern als Selbstdarstellung vorgetragen.

Solche Mechanismen können aufgehen – vor allem dann, wenn die kritisierte Person tatsächlich Schwächen zeigt und schnell ersetzt werden muss. Für das Unternehmen ist ein solches Klima dennoch gefährlich, weil es Energie von der Leistung auf interne Machtspiele verlagert.

Fazit

Demotivation entsteht nicht zufällig. Sie ist oft das Ergebnis von Missachtung, Unsicherheit, unfairen Eingriffen, Gerüchten, Misstrauen und unsachlicher Kritik.

Eine gute Führungskraft muss diese Mechanismen kennen, um sie nicht selbst anzuwenden – und um sich dagegen zur Wehr setzen zu können, wenn sie ihr begegnen.

Sie sollte deshalb: klare Zuständigkeiten schützen, offen kommunizieren, Gerüchten den Boden entziehen, unsachliche Kritik nicht durch Rechtfertigung verstärken, und vor allem ihre eigene Autorität ruhig und sichtbar behaupten.

Denn auch im Umgang mit Demotivation gilt: Führung zeigt sich nicht nur darin, wie man fördert, sondern auch darin, wie man Störungen erkennt und begrenzt.

Gesprächsführung

Der Erfolg eines Mitarbeitergesprächs hängt entscheidend von seiner Vorbereitung ab.

Ein gutes Gespräch beginnt lange vor dem ersten Wort.

Zu häufig gehen Führungskräfte in Gespräche, ohne sich zuvor klar gemacht zu haben, welches Ergebnis sie eigentlich erreichen wollen. Genau darin liegt bereits der erste Fehler.

Vor jedem wichtigen Gespräch sollte deshalb kurz schriftlich festgehalten werden:

- Was ist mein Ziel?

- Welche Argumente sprechen dafür?
- Mit welchen Einwänden muss ich rechnen?
- Welche Gegenargumente habe ich?

Schon wenige Stichworte genügen, um dem Gespräch Struktur und Richtung zu geben.

Einwände ernst nehmen

Ein schwerer Fehler besteht darin, Einwände des Gesprächspartners zu übergehen oder geringzuschätzen. Wer Einwände nicht ernst nimmt, redet leicht am anderen vorbei – und verfehlt damit oft sein Ziel.

Einwände sind kein Störfaktor. Sie zeigen in der Regel, dass Interesse am Thema besteht. Mehr noch: Sie können berechtigt sein und wertvolle Hinweise enthalten.

Ein Gespräch wird immer dann als gut empfunden, wenn der Mitarbeiter spürt, dass tatsächlich ein Austausch stattfindet.

Sind Einwände sachlich richtig, sollte man sie offen anerkennen: „In diesem Punkt haben Sie recht, aber ..."

Man kann Einwände auch aufnehmen und für die eigene Argumentation nutzen: „Von dieser Maßnahme halte ich grundsätzlich nichts."

„Gerade deshalb möchte ich mit Ihnen darüber sprechen."

Wer gezielt nachfragt, erfährt oft alle Gegenargumente des anderen, ohne sofort selbst Stellung beziehen zu müssen. Das hat einen großen Vorteil: Der Gesprächspartner hört später besser zu, weil er nicht mehr nur mit seinen eigenen Einwänden beschäftigt ist.

Einwände vorwegnehmen

Besonders wirksam ist es, erwartbare Einwände selbst anzusprechen, bevor sie der andere erhebt.

Wer einen Gegeneinwand vorwegnimmt, nimmt ihm oft schon die Kraft.

Eine weitere kluge Methode besteht darin, zwischen den eigenen Standpunkt und den Einwand des Gegenübers ein „Auffangpolster" zu legen: „Der jüngste Bericht der Fachzeitschrift XY kommt zu einem anderen Ergebnis."

Damit wird eine direkte Konfrontation vermieden. Das Gespräch bleibt sachlicher und weniger persönlich aufgeladen.

Taktisches Vorgehen bei wichtigen Gesprächen, Diskussionen und Vorträgen

Wichtige Gespräche mit Mitarbeitern, Kollegen, Vorgesetzten, Kunden oder Geschäftspartnern dienen fast immer dazu, den anderen von einem Wunsch, einer Maßnahme oder einer Einschätzung zu überzeugen.

Je fester die gegenteilige Meinung des Gegenübers bereits steht, desto schwieriger wird dieses Vorhaben.

Der größte Fehler ist, den Gesprächspartner zu unterschätzen.

Eine mögliche Überschätzung ist weit weniger gefährlich als Nachlässigkeit. Eng damit verbunden ist ein zweiter Fehler: oberflächliche Vorbereitung.

Gerade weil viele eine sorgfältige Vorbereitung scheuen, liegt hierin ein großer Vorteil für die gut vorbereitete Führungskraft.

Wer die Unterlagen liefert, prägt die Richtung

Erfahrene Führungskräfte bringen Entwürfe, Vorlagen, Projektunterlagen, Protokolle oder Vertragsvorschläge möglichst selbst in die Diskussion ein oder übernehmen deren Erstellung freiwillig.

Warum? Weil es immer einfacher ist, **auf Basis eigener Unterlagen zu argumentieren, als gegen bereits Vorliegendes anzureden.**

Dagegen zu sein ist fast immer die schwächere Position.

Die Überzeugungskraft steigt zusätzlich, wenn Argumente mit Statistiken, Grafiken, Bildern oder sonstigen aussagekräftigen Unterlagen belegt werden. Besonders stark wirken neutrale Quellen und Materialien von anerkannten Dritten.

Die Qualität einer Meinung

Keine Meinung sollte unvorbereitet vorgetragen werden.

Die Qualität einer Meinung bemisst sich an der Qualität ihrer Begründung.

Die stärksten Begründungen sind Fakten. Nichts überzeugt nachhaltiger als eine ruhige, klare und nachvollziehbare Darstellung wesentlicher Tatsachen.

Ort, Auftreten und Atmosphäre

Wenn die Führungskraft Einfluss auf Ort und Rahmen eines wichtigen Gesprächs hat, sollte sie einen Raum wählen, der ihr vertraut ist. Vertrautheit gibt Sicherheit, manchmal auch einen leichten Vorteil in der Gesprächsführung.

Dasselbe gilt für die Kleidung. Wer sich in seiner Kleidung unwohl fühlt, ist gedanklich abgelenkt. Schon Kleinigkeiten können verunsichern.

Ein weiterer Erfolgsfaktor ist die Atmosphäre.

Ein natürliches, sympathisches Lächeln wirkt oft stärker als viele Worte.

Voraussetzung ist, dass es nicht künstlich oder taktisch wirkt.

Es schafft sofort ein positives Feld, auf dem ein fruchtbares Gespräch leichter möglich wird.

Vermeiden sollte man alles, was dieses Klima zerstört:

- einen verkrampften oder aggressiven Gesichtsausdruck
- schlechte Laune
- demonstrative Nichtbeachtung anderer
- Herumpoltern und Meckern
- mangelnde Vorbereitung
- sichtbare Zeitnot

Während des Gesprächs hält ein interessierter, ruhiger Blickkontakt das positive Klima aufrecht.

Blickkontakt und Namensnennung

Menschen reagieren positiv darauf, mit ihrem Namen angesprochen zu werden. Das ist eine einfache, aber wirkungsvolle Form der Wertschätzung.

Auch Blickkontakt ist wichtig. Wer ihm nicht standhalten kann, wirkt schnell unsicher oder ausweichend. Allerdings darf Blickkontakt nie bedrängend oder insistierend werden. Entscheidend ist die Balance aus Aufmerksamkeit und Gelassenheit.

Vorsicht bei taktischen Mitteln

Gemeinsamkeiten zu betonen kann helfen, Vertrauen aufzubauen. Doch hier ist Fingerspitzengefühl nötig. Wer zu offensichtlich taktisch vorgeht, wird schnell durchschaut.

Bei allen taktischen Spielereien ist Vorsicht geboten.

Oft wirkt es besser, Offensichtliches offen anzusprechen: „Wir wissen doch alle, dass gemeinsame Interessen gute Vereinbarungen erleichtern."

Das wirkt natürlicher als kalkulierte Anbiederung.

Frühe Festlegungen vermeiden

Besonders aufmerksam sollte man werden, wenn sich das Gegenüber zu früh auf eine ungünstige Meinung festlegen will.

Denn:

Eine einmal gefasste Meinung wird nur selten wieder aufgegeben.

Hier hilft eine ruhige Gegenreaktion: „Bitte legen Sie sich jetzt noch nicht fest, ich möchte Ihnen noch einige weitere Aspekte zeigen."

Frühere unerwünschte Meinungen des Gesprächspartners sollte man möglichst nicht wieder aufrufen. Wer einmal öffentlich Stellung bezogen hat, fürchtet oft einen Gesichtsverlust, wenn er später davon abrückt.

Deshalb ist es geschickter, den anderen dazu zu bringen, die gewünschte Position selbst zu entwickeln.

Gelassenheit statt Entrüstung

Erfahrene Führungskräfte entrüsten sich nicht. Sie reagieren auf Provokationen ruhig.

Entrüstung ist meist eine schwache Reaktion.

Wer sich provozieren lässt, sagt oft Dinge, die ihm später schaden. Gelassenheit dagegen signalisiert Stärke, Selbstkontrolle und Überlegenheit.

In Gesprächen und Diskussionen kann die Führungskraft die Kontrolle leicht zurückgewinnen, wenn sie gezielt Fragen stellt.

Wer fragt, der führt.

Fragen zwingen den anderen, sich festzulegen, zu begründen und zu strukturieren. Besonders hilfreich sind Fragen nach Definitionen oder nach konkreten Belegen. Denn die Beweislast liegt beim Behauptenden, nicht beim Fragenden.

Wenn ein Vielredner eine ganze Kette von Argumenten vorträgt, ist es oft klug, gezielt den schwächsten Punkt herauszugreifen, ihn besonders hervorzuheben und dann sachlich zu entkräften. Der Eindruck der Schwäche überträgt sich häufig auf die gesamte Argumentation.

Vorsicht bei Ermüdung und Zeitdruck

Lange Gespräche und Diskussionen führen oft zu Ermüdung. Gleichzeitig entsteht Zeitdruck. Genau dann wächst bei vielen die Bereitschaft, ungewollte Zugeständnisse zu machen.

Diese Situation kann bewusst ausgenutzt werden. Umso wichtiger ist es, selbst wachsam zu bleiben.

Bevor eine Führungskraft in einem solchen Moment aus Erschöpfung nachgibt, sollte sie das Gespräch lieber vertagen.

Keine Machtdemonstration

Wer Mitarbeiter beeindrucken will, indem er Macht, Bildung, Einfluss oder Einkommen demonstrativ hervorhebt, erreicht meist das Gegenteil.

Das demonstrative Hervorkehren von Überlegenheit erzeugt Abwehr.

Der Mitarbeiter schaltet innerlich ab. Selbst gute Argumente dringen dann kaum noch durch.

Dasselbe gilt für eine spannungsgeladene Atmosphäre, die durch Übertreibungen, aggressive Formulierungen oder persönliche Herabsetzungen entsteht. Sätze wie „Sie haben mich nicht verstanden" eskalieren eher, als dass sie klären.

Spannungen müssen reduziert werden, sonst wird das Gespräch kaum erfolgreich enden.

Manchmal ist es deshalb besser, ein Gespräch abzubrechen und zu einem späteren Zeitpunkt fortzusetzen.

Wichtig bleibt: Der Gesprächspartner sollte das Gespräch möglichst nicht in verletzter oder gedemütigter Stimmung verlassen. Auch unangenehme Botschaften sollten daher nicht bis ganz zum Schluss aufgeschoben werden. Der Abschluss selbst sollte in einer ruhigen und freundlichen Atmosphäre erfolgen.

Fazit

Erfolgreiche Gesprächsführung beruht auf:

- klarer Vorbereitung
- präziser Zielsetzung
- ernst genommenen Einwänden
- ruhiger Taktik
- sachlicher Argumentation
- kontrollierter Gelassenheit

Und vor allem auf einem Grundsatz:

Nicht der Lauteste führt das Gespräch, sondern der Klarste.

Umgang mit schwierigen Mitarbeitern

Auch im Umgang mit schwierigen Mitarbeitern gilt ein einfacher psychologischer Grundsatz:

Belohnung stabilisiert Verhalten, Bestrafung mindert oder verhindert es.

Entscheidend ist dabei vor allem eines: auf unerwünschtes Verhalten **sofort** zu reagieren.

Auf Fehlverhalten sollte beim ersten Mal reagiert werden.

Das hat zwei Gründe. Erstens ist die Wirkung einer frühen Reaktion am größten. Zweitens wird jede spätere Korrektur schwieriger, wenn ein Fehlverhalten zuvor mehrfach geduldet wurde.

Wehret den Anfängen.

Missbilligung

Missbilligung ist eines der wichtigsten Führungsinstrumente im Umgang mit Fehlverhalten. Damit sie wirksam bleibt, muss sie klaren Regeln folgen:

- Sie muss klar und eindeutig ausgesprochen werden.
- Sie darf nicht vor anderen erfolgen.
- Sie muss sich auf das Verhalten oder die Fehlleistung beziehen, nicht auf die Person.
- Sie soll dem Mitarbeiter Gelegenheit zur Stellungnahme geben.
- Sie sollte mit einer klaren Vereinbarung enden, wie Wiederholungen vermieden werden.

So bleibt Kritik sachlich, nachvollziehbar und wirksam.

Bei schwerwiegendem Fehlverhalten muss die Reaktion der Schwere des Vorfalls entsprechen. In vielen Fällen ist dann eine formelle Abmahnung notwendig. Hält die Führungskraft trotz eines gravierenden Vorfalls eine schriftliche Abmahnung ausnahmsweise nicht für angezeigt, sollte die Missbilligung zumindest im Beisein eines Zeugen erfolgen. Andernfalls setzt sie sich später leicht dem Vorwurf aus, überhaupt nicht reagiert zu haben.

Bei weniger schweren Fällen kann schon eine klare sprachliche Markierung helfen. Fehlverhalten, das einen negativen Namen bekommt, verliert schnell seinen Reiz. Wer etwa unnötige Reisetätigkeit als „Lustreisen" bezeichnet, übt bereits Kritik aus, ohne eskalieren zu müssen. Solche Begriffe wirken oft nicht nur auf den Betroffenen, sondern auch vorbeugend auf andere.

Umgang mit Entscheidungsvollmachten

Besondere Aufmerksamkeit verlangt der Umgang mit Mitarbeitern, die eigene Entscheidungsbefugnisse haben.

Innerhalb ihres Vollmachtsrahmens ist es ihre Pflicht, selbstständig zu entscheiden. Vorgänge aus Unsicherheit oder Bequemlichkeit nach oben zurückzudelegieren, darf eine Führungskraft nicht hinnehmen.

Genauso wenig darf allerdings der erteilte Vollmachtsrahmen überschritten werden.

Vollmacht verpflichtet zur Entscheidung – aber nur innerhalb ihrer Grenzen.

Gerade die Überschreitung von Vollmachten ist gefährlich. Sie muss bereits beim ersten Vorkommnis klar beanstandet werden. Wiederholt sich das Verhalten trotz Ermahnung, bleibt langfristig oft nur, die Befugnisse einzuschränken oder zu entziehen. Wo nötig, muss dies auch formell abgesichert werden.

Hier darf die Führungskraft nicht zögern. Wer wiederholt Grenzen überschreitet, gefährdet nicht nur Abläufe, sondern auch die Autorität der Führung.

Illoyalität erkennen

Besonders ernst muss eine Führungskraft Angriffe auf ihre Person oder ihre Position nehmen.

Solche Angriffe können aus Ehrgeiz, Frustration, Rache oder aus offenem Machtstreben entstehen. Deshalb ist entscheidend, die Ursache richtig zu erkennen.

Nicht jedes zurückhaltende Verhalten ist bereits Illoyalität. Introvertierte Mitarbeiter wirken bisweilen distanziert, ohne illoyal zu sein. Solche Mitarbeiter können sogar wertvolle und loyale Unterstützer sein, wenn sie ermutigt werden, sich stärker einzubringen.

Anders ist es bei Mitarbeitern, die sich aus egoistischen oder karrierebezogenen Motiven bewusst entziehen und im Hintergrund gegen die Führungskraft arbeiten. Hier ist Vorsicht geboten.

Wer aus dem Hinterhalt agiert, ist nicht bloß schwierig, sondern gefährlich.

In solchen Fällen muss die Führungskraft frühzeitig Klarheit schaffen und darf sich über die Lage keine Illusionen machen.

Ehemalige Konkurrenten

Nicht jeder Mitarbeiter, der einmal selbst eine Führungsposition angestrebt hat, ist automatisch illoyal. Entscheidend ist, wie er sich verhält, nachdem die Entscheidung gefallen ist.

Ordnet er sich ein und arbeitet konstruktiv mit, ist die Situation geklärt. Versucht er dagegen weiterhin, aus dem Hintergrund Einfluss zu nehmen oder die neue Führungskraft zu schwächen, muss dies als ernstes Warnsignal gewertet werden.

Spezielle Situationen

Streit zwischen Mitarbeitern

Ein Streit zwischen Mitarbeitern bringt die Führungskraft schnell in eine heikle Lage.

Der wichtigste Grundsatz lautet:

Bei Streitigkeiten zwischen Mitarbeitern sollte die Führungskraft nicht vorschnell Partei ergreifen.

Wer sich zu früh auf eine Seite stellt, riskiert, dass der andere Mitarbeiter dauerhaft das Gesicht verliert. Das kann das Verhältnis zur Führungskraft nachhaltig beschädigen.

Ziel muss daher zunächst sein, den Streit rasch zu beenden und die Situation zu versachlichen. Das kann etwa dadurch geschehen, dass beide Beteiligten gemeinsam an einen Tisch geholt und aufgefordert werden, den Konflikt in geordneter Form beizulegen.

Ist eine Entscheidung der Führungskraft notwendig, muss deutlich werden, dass die Sache entschieden wird – nicht die Person.

Alkohol bei Betriebsveranstaltungen

Besonders unangenehm können Situationen bei Betriebsfeiern werden, wenn einzelne Mitarbeiter zu viel Alkohol trinken.

Nicht alle reagieren dann harmlos oder albern. Manche werden aggressiv, äußern aufgestaute Kritik maßlos und überschreiten jede Grenze. Für die Führungskraft ist das heikel, weil jede Reaktion Risiken birgt:

- Schweigen kann als Schwäche erscheinen.
- Härte kann die Lage verschärfen.
- Humor kann deeskalieren – oder scheitern.

Oft ist daher die klügste Lösung, eine Eskalation gar nicht erst entstehen zu lassen.

Bei beginnender Alkoholstimmung ist rechtzeitiger Rückzug oft die beste Prävention.

Die Führungskraft sollte solche Veranstaltungen verlassen, bevor die Situation kippt. Wo nötig, kann sie die Verantwortung für einen geordneten Abschluss an einen verlässlichen Mitarbeiter übertragen.

Sachliche Konflikte

Nicht jeder Konflikt zwischen Mitarbeitern ist persönlich. Viele entstehen aus der Sache selbst – etwa dann, wenn mehrere Personen oder Bereiche an einer gemeinsamen Aufgabe arbeiten und unterschiedliche Vorstellungen über den richtigen Weg haben.

Solche Konflikte sind normal und müssen systematisch gelöst werden.

Hier ist es Aufgabe der Führungskraft, ein geordnetes Eskalationsverfahren zu etablieren.

Können Mitarbeiter eine Meinungsverschiedenheit nicht selbst lösen, muss der Konflikt auf die nächsthöhere Ebene eskaliert werden.

So wird vermieden, dass Konflikte festfahren, Beziehungen beschädigen oder Aufgaben blockiert werden. In klar organisierten Unternehmen ist deshalb bekannt, wann ein Problem noch auf Arbeitsebene gelöst werden soll und wann die nächsthöhere Instanz entscheiden muss.

Fazit

Der Umgang mit schwierigen Mitarbeitern verlangt:

- frühe und klare Reaktion
- sachliche Missbilligung
- konsequente Grenzziehung
- feines Gespür für Illoyalität
- Neutralität bei persönlichen Konflikten
- und klare Eskalationswege bei sachlichen Streitfragen

Schwierige Mitarbeiter sind keine Ausnahme, sondern Teil jeder Führungsrealität. Entscheidend ist nicht, dass sie auftreten – sondern wie die Führungskraft mit ihnen umgeht.

Entscheiden

Alle Entscheidungen einer Führungskraft müssen auf Wirkung zielen. Wirksam sind Entscheidungen dann, wenn sie einen positiven Einfluss auf das Unternehmen oder auf das Unternehmensergebnis haben.

Dabei geht es nicht nur um die Qualität der einzelnen Entscheidung, sondern auch um die Wirksamkeit der Führungskraft selbst. Wer sich auf zu viele Entscheidungsfelder gleichzeitig einlässt, verliert an Klarheit und Schlagkraft. Effektive Führung verlangt deshalb eine konsequente Konzentration auf das Wesentliche.

Eine sorgfältige Entscheidung erschöpft sich nicht in einem bloßen Ja oder Nein. Sie muss immer auch die Umsetzung mit einbeziehen. Es nützt nichts, eine auf den ersten Blick sinnvolle Entscheidung zu treffen, die in der Praxis nicht durchführbar ist.

Zu jeder guten Entscheidung gehört deshalb eine klare Umsetzungsplanung:

- Welche Aufgaben sind im Einzelnen zu erledigen?
- Wer übernimmt sie?
- Stehen dafür überhaupt die richtigen Mitarbeiter zur Verfügung?
- Wie sieht der Zeitplan aus?
- Welche Stellen sind direkt oder indirekt betroffen?
- Gibt es Mitwirkungs- oder Mitbestimmungsrechte?
- Wer muss informiert werden?
- Sind Kompromisse nötig, um die Entscheidung tragfähig zu machen?

Erst wenn diese Fragen mitgedacht werden, ist eine Entscheidung wirklich vollständig.

Der Weg zur guten Entscheidung

Der Entscheidungsprozess wird überschaubar, wenn er systematisch geführt wird. Dazu gehören vier Grundfragen:

- Ist das Problem richtig verstanden?
- Was ist das Ziel der Entscheidung?
- Welche Handlungsalternativen gibt es?
- Welche Folgen hat jede dieser Alternativen?

Erst wenn die Auswirkungen konsequent zu Ende gedacht sind, kann die beste Möglichkeit unter den gegebenen Umständen gewählt werden.

Entscheidungen bewegen sich selten zwischen Schwarz und Weiß. Meist geht es um eine Auswahl zwischen mehreren vertretbaren Alternativen in einer Grauzone. Gerade deshalb bleibt fast jede Entscheidung angreifbar.

Bei wichtigen Entscheidungen hilft es deshalb sehr, die wesentlichen Beweggründe zu dokumentieren. Das schafft Klarheit für die eigene Entscheidungsfindung und erleichtert später die Darstellung und Begründung.

Fakten statt Bauchgefühl

Die tragenden Gründe einer Entscheidung müssen auf Fakten beruhen und das Ziel der Entscheidung im Blick behalten. Reine Bauchentscheidungen leisten das meist nicht.

Wenn zum Beispiel ein Mitarbeiter einen groben Fehler begangen hat, darf das Ziel der Reaktion nicht einfach in Maßregelung oder Entlassung bestehen. Das eigentliche Ziel muss darin liegen, den Fehler künftig zu vermeiden.

Dazu braucht es zunächst eine saubere Analyse:

- Warum ist der Fehler entstanden?
- Waren Anweisungen unklar?
- Hat Schulung gefehlt?
- Lag bloße Nachlässigkeit vor?

Erst wenn die Ursachen geklärt sind, lässt sich eine vernünftige, zielgerichtete Entscheidung treffen. Eine solche Entscheidung ist jeder spontanen Reaktion überlegen – und sie lässt sich nachvollziehbar begründen.

Was oft als Intuition gilt

Manchen Managern wird nachgesagt, sie träfen intuitiv und blitzschnell die richtige Entscheidung. Manchmal sieht es tatsächlich so aus.

Doch echte Entscheidungssicherheit ist nur selten reine Intuition. Sie beruht weit häufiger auf Erfahrung, intensiver Beschäftigung mit der Materie und harter gedanklicher Arbeit. Was von außen wie Instinkt wirkt, ist in Wahrheit oft das Ergebnis von Wissen, Übung und Urteilsvermögen.

Niemand trifft auf einem Gebiet, von dem er nichts versteht, verlässlich gute Entscheidungen.

Entscheidungsschwäche

Entscheidungsschwache Führungskräfte greifen gern nach dem letzten Strohhalm einer vermeintlich noch fehlenden Information, um eine Entscheidung weiter aufzuschieben.

Die entscheidende Frage lautet dann: Was würde diese zusätzliche Information tatsächlich verändern?

Wenn sie lediglich einen Aha-Effekt auslöst, aber keine neuen Handlungsoptionen eröffnet, ist sie zwar interessant, aber entbehrlich. Dann verzögert sie nur den Prozess, ohne ihn zu verbessern.

Eine Führungskraft muss deshalb unterscheiden können zwischen:

- Informationen, die wirklich entscheidungsrelevant sind,
- und solchen, die nur das Zögern verlängern.

Entscheidung und Kontrolle

Ist eine Entscheidung getroffen, endet die Verantwortung der Führungskraft nicht. Sie muss die Durchführung im Blick behalten.

Dazu gehören:

- Feedbacks
- Statistiken
- Berichte
- persönliche Überprüfung vor Ort

Nicht nur die Umsetzung, auch die Entscheidung selbst muss in angemessenen Abständen überprüft werden. Verändern neue Informationen die Ausgangslage oder zeigen sich unerwartete Folgen, muss rechtzeitig nachgesteuert werden, um Schaden zu vermeiden.

Verantwortung und Entscheidung müssen zusammengehören

Ein Grundsatz guter Führung lautet:

Entscheiden muss derjenige, der auch die Verantwortung trägt.

Das klingt selbstverständlich, wird aber mit zunehmender Arbeitsteilung in großen Unternehmen schwieriger. In Konzernen und Unternehmensgruppen gibt es zahlreiche zentrale Bereiche wie Personal, IT, Rechnungswesen oder Vertrieb, auf die operative Verantwortliche oft nur begrenzten Einfluss haben.

Solche Strukturen können organisatorisch sinnvoll sein, sie haben jedoch einen Preis: Entscheidungen werden langsamer, mehr Personen reden mit, und nicht selten entscheiden auch Menschen mit, die für das Ergebnis selbst keine unmittelbare Verantwortung tragen.

Daraus entstehen Reibungen, Frustrationen und Verzögerungen. Der verantwortlichen Führungskraft bleibt dann nur, mit diplomatischem Geschick das Beste aus der Struktur zu machen und zugleich immer wieder deutlich zu machen, wo Verantwortung getragen werden muss, ohne dass ausreichender Einfluss besteht.

Kurze, schnelle Wege

Gerade hier zeigt sich ein großer Vorteil kleinerer Unternehmen: Sie sind oft schneller, beweglicher und näher am Ergebnis.

Kommunikation funktioniert direkter. Entscheidungen werden zügiger getroffen. Abstimmungen, Genehmigungsschleifen und endlose Verwaltungsprozesse sind geringer. Dadurch bleibt mehr Energie für das, was wirklich zählt.

In großen Unternehmen dagegen wird ein erheblicher Teil der Kraft gerade der besten Führungskräfte durch interne Prozesse gebunden, die wenig oder nichts zum eigentlichen Maßnahmenerfolg beitragen.

Das führt leicht zu Frust – vor allem dann, wenn jeder die bürokratischen Hindernisse kennt, sie beklagt, aber kaum jemand bereit ist, sie wirklich zu beseitigen.

Schnelligkeit als Erfolgsfaktor

Erstaunlicherweise wird gerade in großen Unternehmen dem Erfolgsfaktor Schnelligkeit oft zu wenig Bedeutung beigemessen.

Dabei ist Schnelligkeit kein Gegensatz zu Qualität. Sie wird nur dort gefährlich, wo sie gedankenlos oder ungeordnet ist. Richtig verstanden bedeutet Schnelligkeit:

- kürzere Wege,
- klarere Zuständigkeiten,
- weniger unnötige Abstimmung,
- und schnelleres Handeln dort, wo es sachlich geboten ist.

Verkrustete Strukturen aufzubrechen ist jedoch mühsam. Solche Veränderungen gelingen nur, wenn sie von der obersten Unternehmensleitung wirklich gewollt und konsequent getragen werden.

Am einfachsten wäre es, ein größeres Unternehmen alle fünf Jahre abzubrennen und neu aufzubauen. Alle Verkrustungen würden sich dann automatisch auflösen!

Ist der Entschluss einmal gefasst, müssen zugleich Kontrollmechanismen geschaffen werden, die verhindern, dass sich alte bürokratische Gewohnheiten schleichend wieder durchsetzen.

Bürokratie als Bremskraft

Bürokratie entsteht überall dort, wo Prozesse nicht mehr dem Ergebnis dienen, sondern sich verselbstständigen. Dann kontrollieren und verzögern Bereiche die Arbeit jener, die den eigentlichen Beitrag zum Unternehmenserfolg leisten.

Natürlich werden gegen mehr Schnelligkeit oft Einwände vorgebracht:

- die Qualität könne leiden,
- Kontrollsysteme könnten gestört werden,
- organisatorische Fehler könnten zunehmen.

Solche Risiken sind nicht grundsätzlich falsch. Aber sie sind beherrschbar. Jedes Unternehmen kann deutlich schneller werden, ohne an Qualität einzubüßen – wenn es bereit ist, jene Prozesse zurückzudrängen, die nur der Verzögerung dienen.

Strukturfragen und Ausgliederung

Aus Unternehmenssicht kann es in vielen Fällen sinnvoll sein, eigenständig arbeitsfähige Bereiche stärker zu verselbstständigen oder auszugliedern. Die absoluten Kosten mögen dadurch steigen, doch dieser Nachteil kann durch größere Beweglichkeit und höheren Erfolg überkompensiert werden.

Solche Entscheidungen verlangen allerdings außergewöhnliche Führungsstärke. Sie stehen oft im Widerspruch zu modischen Dogmen der Kostenminimierung und Fusion.

Gerade bei Fusionen wird häufig übersehen, dass der vielbeschworene Synergieeffekt in der Praxis selten gleich verteilt ist. Das größere und stärkere Unternehmen setzt sich meist durch, während das kleinere Unternehmen kulturell, personell und organisatorisch an Kraft verliert.

Regelmäßig werden die Augen davor verschlossen, dass der Synergieeffekt bedeutet, dass die Fusion für das eine Unternehmen „Sinn" macht, und sie das andere Unternehmen „Energie" kostet!

Für den kleineren Partner ist eine Fusion deshalb nur dann sinnvoll, wenn wirtschaftliche Notwendigkeiten sie erzwingen oder wenn nur durch größere Einheiten zwingend erforderliche Investitionen überhaupt möglich werden.

Fazit

Gute Entscheidungen zeichnen sich aus durch:

- Klarheit über das Ziel,
- gründliche Analyse,
- Faktenorientierung,

- durchdachte Umsetzung,
- konsequente Kontrolle,
- und den Mut, unnötige Verzögerung zu vermeiden.

Denn Führung zeigt sich nicht nur darin, dass entschieden wird – sondern darin, **wie** entschieden wird.

Nicht die schnelle Entscheidung ist die gute Entscheidung, sondern die klare, tragfähige und wirksame.

Delegieren

Das Delegieren von Aufgaben entlastet die Führungskraft und schafft Freiraum für die wirklich übergeordneten Tätigkeiten.

Manager sollten über vieles informiert sein. Sie müssen sich aber keineswegs mit allem bis ins Detail beschäftigen. Herausragende Leistungen entstehen fast immer aus Konzentration – nicht aus Verzettelung.

Exzellenz setzt Konzentration auf Weniges voraus.

Dazu braucht es Disziplin. Jede Führungskraft muss sich bewusst sein, dass die Gefahr, sich in Einzelheiten zu verlieren, ständig besteht. Wer große Leistungen betrachtet, erkennt fast immer dasselbe Muster: Sie beruhen meist auf der Konzentration auf eine oder wenige wesentliche Aufgaben.

Für Führungskräfte ist eine solche Konzentration nur möglich, wenn sie bereit sind, alle Aufgaben zu delegieren, die ebenso gut oder ausreichend gut von Mitarbeitern übernommen werden können.

Delegation stärkt beim Mitarbeiter das Verantwortungsbewusstsein und – je nach Art der Aufgabe – auch die Motivation. Besonders wirksam wird sie dann, wenn nicht nur Arbeit, sondern auch ein angemessener Entscheidungsspielraum übertragen wird.

Eine gute Delegation betrifft Aufgaben,

- die der Mitarbeiter nach Fähigkeit und Zeit leisten kann,
- die in seinem Einflussbereich liegen,
- und deren Erledigung für die Führungskraft kontrollierbar bleibt.

Die Führungskraft selbst sollte sich vor allem auf jene Felder konzentrieren, auf denen sie den größten Mehrwert für das Unternehmen schafft.

Voraussetzungen sinnvoller Delegation

Wie weit Aufgaben und Kompetenzen delegiert werden können, hängt von mehreren Faktoren ab.

Der Mitarbeiter muss Zugang zu allen Informationen haben, die für eine sachgerechte Entscheidung notwendig sind. Zudem muss eingeschätzt werden, ob er in seiner Position das Gesamtinteresse des Unternehmens im Blick behalten kann oder ob er dazu neigt, vor allem die Interessen seines engeren Bereichs zu verfolgen.

Vor allem aber muss der Mitarbeiter in der Lage sein, im konkreten Fall eine gute Entscheidung zu treffen.

Genau hier liegt das Hauptproblem vieler Delegationen: Verantwortung zu übertragen bedeutet nicht, sich der Verantwortung zu entledigen. Gegenüber dem eigenen Vorgesetzten bleibt die Führungskraft verantwortlich – denn sie allein entscheidet, ob und an wen sie delegiert.

Warum Delegation oft scheitert

Sowohl auf Seiten der Führungskraft als auch auf Seiten des Mitarbeiters gibt es typische Hinderungsgründe.

Die Führungskraft

- fürchtet, an Bedeutung zu verlieren,
- hat Angst, die Übersicht einzubüßen,
- vertraut ihren Mitarbeitern nicht genug,
- ist zu wenig risikobereit
- oder findet keine praktikable Form der Kontrolle.

Der Mitarbeiter dagegen

- hat zu wenig Selbstvertrauen,
- scheut Verantwortung,
- fürchtet Kritik
- oder besitzt nicht genug Ehrgeiz.

Wo solche Blockaden aufeinandertreffen, entstehen weder gesunde Forderung noch echte Förderung. Stattdessen droht Überlastung der Führungskraft und Unterforderung des Mitarbeiters.

Bei schwachen Führungskräften kommt es sogar zu einer Verkehrung des Delegationsprinzips: Nicht die Führungskraft delegiert, sondern sie lässt sich Aufgaben aufladen.

Die „Man-müsste"-Sager

Besonders typisch ist der Mitarbeiter, der mit guten Ideen und klugen Verbesserungsvorschlägen auftritt, sich aber über die Umsetzung keinerlei Gedanken gemacht hat. Er glaubt, es genüge, den Vorschlag bei der Führungskraft abzuladen, damit diese sich um alles Weitere kümmert.

Den „Man-müsste"-Sagern muss sofort Einhalt geboten werden.

Sonst zieht man sich schnell einen Typus von Mitarbeiter heran, der nicht handelt, sondern nörgelt; der nicht trägt, sondern ablädt.

Wer mit einem Vorschlag kommt, muss daher grundsätzlich aufgefordert werden, auch einen Umsetzungsplan vorzulegen. Ohne diesen bleibt der Vorschlag unvollständig und im praktischen Sinn wertlos.

Mitarbeiter sollten ermutigt werden, ihre Kreativität auf Verbesserungen im eigenen Verantwortungsbereich zu richten – dort, wo sie nicht nur Ideen entwickeln, sondern auch selbst zur Umsetzung beitragen können.

Vorschläge für fremde Bereiche gehören, sofern sinnvoll, in geordnete betriebliche Vorschlagswege – nicht auf den Schreibtisch der direkten Führungskraft als lose Anregung.

Delegation an Gruppen und Arbeitskreise

Delegation muss sich nicht auf einzelne Mitarbeiter beschränken. Aufgaben können auch an Projektgruppen oder Kommissionen übertragen werden – insbesondere dann, wenn sie mehrere Zuständigkeitsbereiche berühren.

Allerdings ist dabei sorgfältige Auswahl entscheidend. Eine Gruppe, die überwiegend aus unzuständigen oder fachlich nur am Rande berührten Personen besteht, wird kaum fruchtbare Arbeit leisten.

Wird ein Arbeitskreis nur gegründet, um eine unangenehme Aufgabe schnell vom Tisch zu bekommen, ist sein Scheitern fast programmiert.

Und wenn ich nicht mehr weiterweiß, dann gründe ich 'nen Arbeitskreis.

Das mag als Ausweg bequem erscheinen, ist aber meist keiner.

Ebenso unsinnig ist es, die Aufgabe eines einzelnen kompetenten Mitarbeiters allein aus modischen Gründen an ein Team zu übertragen.

Sinn und Unsinn der Teamarbeit

Teamarbeit ist kein Wert an sich. Sie ist eine Arbeitsform – nicht mehr und nicht weniger.

Zu oft wird sie aus Opportunität oder Zeitgeist überschätzt. Unternehmen suchen gern „Teamplayer", meinen damit aber nicht selten anpassungsfähige Mitarbeiter, die sich widerspruchslos einfügen.

Für Spitzenleistungen braucht ein Unternehmen jedoch auch Persönlichkeiten, die bereit sind, Regeln zu hinterfragen und notfalls zu durchbrechen.

Teamarbeit ist nur dann überlegen, wenn die Aufgabe den Kompetenzbereich des Einzelnen tatsächlich überschreitet.

Die Leistung eines Teams ist nur dann besser als die Einzelleistung eines fähigen Mitarbeiters, wenn die Aufgabe mehrere Kompetenzbereiche zugleich erfordert.

Das bedeutet selbstverständlich nicht, dass ein starker Mitarbeiter nicht Rat einholen soll. Aber dort, wo einer eine Aufgabe allein beherrscht, ist er dem Team häufig überlegen.

Zu viele Beteiligte verwässern Verantwortung. Kompromisse treten an die Stelle von Klarheit.

Kompromisse führen selten zu Spitzenergebnissen.

Wo unnötige Kompromisse dominieren, zeigt sich oft Entscheidungsschwäche.

Teamarbeit richtig organisieren

Wird eine Aufgabe an ein Team vergeben, sollte das Ziel der gemeinsamen Arbeit zu Beginn schriftlich festgelegt werden. Diese Klarheit verhindert zwar nicht jede Abschweifung, sie begrenzt sie aber.

Die verantwortliche Führungskraft muss sich regelmäßig über den Fortgang berichten lassen und prüfen, ob die Arbeit noch zielgerichtet verläuft.

Teams scheitern häufig nicht an mangelndem guten Willen, sondern an fehlenden Regeln. Deshalb braucht jede Teamarbeit:

- klare Arbeitszuweisungen,
- eindeutige Zuständigkeiten,
- abgestimmte Regeln,
- regelmäßige Berichte,
- und bei Bedarf einen Teamleiter mit Entscheidungsvollmacht.

Koordination bedeutet nicht, dass jeder alles macht. Im Gegenteil: Jeder sollte das tun, was er am besten kann. Greifen Teammitglieder unnötig in fremde Zuständigkeiten ein, entstehen Konflikte, Konkurrenz und Reibungsverluste.

Nur grundlegende Entscheidungen gehören ins gesamte Team. Alles andere muss sauber verteilt sein.

Delegation bei besonders wichtigen Aufgaben

Je größer die Bedeutung einer Aufgabe, desto enger muss ihre Durchführung begleitet werden.

Wird ein Mitarbeiter mit einer Tätigkeit betraut, deren Erfolg erhebliche Folgen für das Unternehmen hat, darf die Führungskraft ihn nicht einfach laufen lassen. Sie muss sich in kurzen Abständen berichten lassen, um bei Problemen frühzeitig eingreifen zu können.

Wichtige delegierte Aufgaben verlangen Nähe, nicht Nachlässigkeit.

Dasselbe gilt, wenn ein Mitarbeiter beauftragt wird, für ein Projekt oder eine Maßnahme die Zustimmung anderer Bereiche einzuholen. In wichtigen Fällen sollte die Führungskraft an solchen Abstimmungsgesprächen selbst teilnehmen.

Ein Mitarbeiter kann in solchen Situationen selten mit derselben Autorität auftreten wie eine Führungskraft. Scheitert die Abstimmung, ist der Ärger anschließend groß – über den Misserfolg, über die verpasste Chance und oft auch über die eigene Nachlässigkeit.

Auch hier gilt daher: Delegation ersetzt nicht das Kümmern.

Fazit

Richtiges Delegieren bedeutet:

- Aufgaben sinnvoll abzugeben,
- Verantwortung zu fördern,
- Freiräume zu schaffen,
- und zugleich die Ergebnisverantwortung nicht aus der Hand zu geben.

Delegation ist weder Abschieben noch Kontrollverlust. Sie ist ein Führungsinstrument.

Gut delegiert wird nur dort, wo

- der richtige Mitarbeiter gewählt wird,
- Ziel und Rahmen klar sind,
- die Umsetzung kontrollierbar bleibt
- und die Führungskraft bereit ist, sich auf das Wesentliche zu konzentrieren.

Denn am Ende gilt:

Delegieren heißt nicht loslassen. Delegieren heißt, Verantwortung klug verteilen.

Anweisen

Anweisungen zu geben gehört zu den wichtigsten Aufgaben einer Führungskraft. Führung heißt nicht nur, Mitarbeiter zu begleiten oder zu motivieren. Führung heißt vor allem auch, ihnen klar zu sagen, was zu tun ist – und dafür zu sorgen, dass sie auf das richtige Ziel hinarbeiten.

Denn selbst ein hoch engagiertes Team kann scheitern, wenn es mit großer Effizienz am falschen Ziel arbeitet oder wenn seine Anstrengungen durch unkoordinierte Tätigkeiten anderer Bereiche wieder aufgehoben werden.

Wer von einem Mitarbeiter ein bestimmtes Handeln oder eine bestimmte Aufgabenerledigung erwartet, muss dies ausdrücklich sagen. So selbstverständlich das klingt, so häufig entstehen gerade hier Missverständnisse. Viele Führungskräfte setzen stillschweigend voraus, dass Mitarbeiter „doch wissen müssten", was gemeint ist.

Wer nicht sagt, was er will, bekommt nicht, was er will!

Das gilt in alle Richtungen – nach oben wie nach unten.

Klarheit beginnt vor der Anweisung

Bevor eine Führungskraft eine Anweisung gibt, muss sie selbst genau wissen, was sie will. Wer darüber nicht völlig im Klaren ist, kann eine Aufgabe auch nicht verständlich übermitteln.

Dasselbe gilt für Präsentationen, Besprechungen und Zielvorgaben: Nur wer ein Thema selbst vollständig durchdrungen hat, kann es anderen klar und überzeugend vermitteln.

Darum ist Vorbereitung unverzichtbar. Ohne Vorbereitung sollte von einer Anweisung möglichst Abstand genommen werden. Denn unklare Vorgaben führen nicht nur zu Fehlern und Missverständnissen, sondern oft auch zu einem Autoritätsverlust der Führungskraft. Spätestens bei Nachfragen gerät sie ins Schwimmen.

Störungen in Gruppen

Bei Anweisungen oder Präsentationen vor Gruppen kann es vorkommen, dass einzelne Mitarbeiter mit Zwischenrufen, Einreden oder demonstrativer Besserwisserei die Führungskraft aus dem Konzept bringen wollen.

Sofern sich die Führungskraft stark genug fühlt, kann ihr empfohlen werden, den Opponenten sofort „niederzumachen": „Sie haben doch keine Ahnung. Das sieht man doch schon daran, dass ..."

Hier ist Fingerspitzengefühl gefragt. Die Führungskraft muss Störungen begrenzen, ohne die Gruppe gegen sich aufzubringen. Nicht jede Provokation verlangt dieselbe Härte. Entscheidend ist, dass die Gesprächs- und Führungsordnung gewahrt bleibt.

Die Gruppe muss spüren, dass die Führungskraft die Situation beherrscht.

Anweisungen müssen einfach und verständlich sein

Eine Anweisung ist nur dann wirksam, wenn sie vom Empfänger klar verstanden wird.

Die Kunst der Führungskraft besteht darin, komplizierte Sachverhalte so einfach wie möglich darzustellen.

Lange, verschachtelte Erklärungen, gespickt mit Fremdwörtern und Fachausdrücken, beeindrucken vielleicht kurzfristig – sie führen aber selten zu besserem Verständnis. Gute Führung zeigt sich in Klarheit, nicht in sprachlicher Aufblähung.

Im Zweifel ist es sinnvoll, den Mitarbeiter die Anweisung in eigenen Worten wiederholen zu lassen. Missverständnisse werden so schnell sichtbar und können sofort korrigiert werden.

Nicht über Dritte anweisen

Anweisungen sollten möglichst nicht über Dritte weitergegeben werden. Die Mitarbeiter, die eine Aufgabe ausführen sollen, sollten bei der Erteilung der Anweisung selbst anwesend sein.

Sonst entstehen leicht:

- Informationsverluste,
- Missverständnisse,
- doppelte Arbeit,
- Zeitverzug,
- und unnötige Verärgerung.

Gerade bei Aufgaben wie Statistiken, Tabellen, Auswertungen oder Übersichten zeigt sich, wie wichtig Präzision ist. Wenn eine Führungskraft nur grobe Hinweise gibt, wird das Ergebnis fast nie genau ihren Vorstellungen entsprechen.

Deshalb ist es meist klüger, die Vorarbeit direkt selbst zu leisten, die ohnehin später notwendig würde: etwa ein Raster aufzuzeichnen, Überschriften festzulegen oder ein Beispiel vorzugeben.

Das ist keine zusätzliche Arbeit. Es ist kluge Vorarbeit, die spätere Mehrarbeit vermeidet.

Zwischenberichte und Fristen

Für länger dauernde Arbeiten ist es unbefriedigend, wenn die Führungskraft nicht weiß, wie weit ein Vorgang fortgeschritten ist – oder ob er vielleicht schon erledigt ist.

Deshalb sollten zu jeder wichtigen Anweisung auch feste Termine gehören:

- für Zwischenberichte,
- für Rückmeldungen,
- und für den Endtermin.

Zu diesen Zeitpunkten muss der Mitarbeiter von sich aus berichten oder die Erledigung melden. In der Praxis funktioniert das allerdings nicht immer zuverlässig. Deshalb ist es sinnvoll, dass die Führungskraft diese Termine auch selbst überwacht und nötigenfalls konsequent daran erinnert.

Mitarbeiter müssen an diese Verbindlichkeit gewöhnt werden. Erst dann entsteht ein professioneller Arbeitsrhythmus.

Nur Messbares lässt sich steuern

Wenn eine Anweisung auf einen dauerhaften Erfolg zielt, muss dieser Erfolg messbar gemacht werden.

Was man nicht messen kann, kann man nicht managen!

Es reicht nicht, einem Mitarbeiter oder Abteilungsleiter aufzutragen, „die Qualität zu verbessern". Solche Anweisungen bleiben zu ungenau. Denn woran soll später erkennbar sein, ob die Verbesserung tatsächlich eingetreten ist?

Erst wenn eine konkrete Messgröße festgelegt wird, wird aus einer bloßen Absicht ein steuerbares Ziel.

Beispiel: Wird die Qualität der Arbeit über eine regelmäßig gemessene Fehlerquote erfasst und liegt diese derzeit bei fünf Prozent, kann die klare Anweisung lauten, sie bis Jahresende auf drei Prozent zu senken.

Dann ist für alle Beteiligten eindeutig,

- was erreicht werden soll,
- woran der Erfolg gemessen wird,
- und bis wann das Ziel erreicht sein muss.

Genau dieses Verständnis ist von zentraler Bedeutung, wenn Arbeitsziele, Jahresziele oder Bonusziele festgelegt werden.

Fazit

Gute Anweisungen sind:

klar,
einfach,
präzise,
direkt,
verständlich
und kontrollierbar.

Sie beruhen auf eigener Klarheit der Führungskraft, vermeiden Missverständnisse, sparen Zeit und machen Erfolg überprüfbar.

Denn Anweisen heißt nicht einfach nur, etwas zu sagen. Anweisen heißt, Arbeit so in Gang zu setzen, dass aus einer Vorgabe ein Ergebnis wird.

Überzeugen

Wer über das Überzeugen spricht, kommt am Thema Überreden nicht vorbei. In der Praxis lassen sich beide kaum trennen. Die klare Unterscheidung existiert eher in der Theorie – im Gespräch selbst verschwimmen die Grenzen.

Ob überzeugt oder überredet: Am Ende geht es immer darum, einen anderen dazu zu bewegen, seine bisherige Meinung aufzugeben und eine neue anzunehmen.

Dazu passt die bekannte, augenzwinkernde Definition:

> **„Der Mitarbeiter kommt mit seiner Meinung in mein Büro – und geht mit meiner wieder hinaus."**

Der richtige Ansatz

Eine Patentlösung gibt es nicht. Erfahrene Führungskräfte passen ihr Vorgehen an:

- die Persönlichkeit des Gegenübers,
- die Situation,
- und die Dynamik des Gesprächs.

Ein Grundprinzip bleibt jedoch immer gleich: Menschen lassen sich am ehesten beeinflussen, wenn sie sich angesprochen fühlen.

Wer über Dinge spricht, die den Mitarbeiter interessieren oder ihm persönlich nutzen, gewinnt Aufmerksamkeit. Ohne dieses Interesse verpuffen selbst die besten Argumente.

Das Sympathiefeld

Überzeugung gelingt nicht im Widerstand, sondern im Einklang.

Überzeugen ist nur in einem Sympathiefeld möglich.

Dieses entsteht nicht, wenn Meinungen frontal aufeinanderprallen. Es entsteht dort, wo es Gemeinsamkeiten gibt – oder wo es gelingt, solche herzustellen.

Besonders interessant ist ein psychologischer Effekt: Wer einen anderen von seiner Meinung überzeugt, empfindet diesen Menschen oft im Nachhinein als besonders sympathisch.

Mehr noch: Er ist anschließend eher bereit, selbst in einer anderen Frage nachzugeben.

Dahinter steht ein unbewusster Ausgleich:

- Übereinstimmungen bleiben bestehen
- Differenzen werden ausgeglichen
- Jeder ist bereit, einmal nachzugeben

Eine kluge Führungskraft nutzt diesen Mechanismus gezielt: Sie gibt in weniger wichtigen Punkten bewusst nach, um in entscheidenden Fragen mehr Durchsetzungskraft zu gewinnen.

Wichtig dabei: Das Nachgeben sollte nicht abrupt erfolgen, sondern nachvollziehbar und leicht zögernd. So entsteht beim Gegenüber der Eindruck eines echten Zugeständnisses – und damit die Bereitschaft zum Ausgleich.

Grundvoraussetzungen für Überzeugungskraft

Unabhängig von jeder Taktik gibt es einige zentrale Voraussetzungen:

- **Vertrauen schaffen** Wer überzeugen will, muss glaubwürdig und ehrlich wirken. Grundlage dafür ist ein tiefes Verständnis des Themas.
- **Argumente ernst nehmen** Gegensätzliche Meinungen dürfen nicht abgetan werden. Wer zuhört, gewinnt Einfluss.
- **Sympathie aufbauen** Besonders in Gruppen entscheidet der erste Eindruck über den weiteren Verlauf.
- **Mit Energie sprechen** Argumente, die mit Überzeugung und Begeisterung vorgetragen werden, wirken stärker.
- **Kompetenz zeigen** Wer als Experte wahrgenommen wird, überzeugt leichter.
- **Keine persönlichen Angriffe** Kritik darf sich nur auf die Sache beziehen.
- **Erscheinungsbild beachten** Ein gepflegtes, stimmiges Auftreten unterstützt die Wirkung.

Der richtige Zeitpunkt

Am einfachsten ist es, jemanden zu überzeugen, bevor er sich festgelegt hat.

Hat sich eine Meinung erst verfestigt, wird es deutlich schwieriger, sie zu verändern.

Deshalb gilt:

Wer früh überzeugt, vermeidet späteren Widerstand.

Gerade bei neuen Themen sollte die Führungskraft von Beginn an klar, strukturiert und überzeugend auftreten, um gar nicht erst Gegenpositionen entstehen zu lassen.

Wort und Wirkung

Überzeugung entsteht nicht allein durch Worte.

Wer nur spricht, nutzt nur einen Teil seiner Wirkungskraft.

Entscheidend ist das Zusammenspiel von:

- Wortsprache
- Körpersprache
- Stimme

Mimik, Gestik, Haltung und Tonfall transportieren mindestens genauso viel wie der Inhalt selbst.

Erst wenn beides übereinstimmt, entsteht volle Überzeugungskraft.

Ein überzeugender Vortrag folgt dabei einer klaren Struktur:

1. Einleitung
2. Darstellung des Themas
3. Argumentation
4. klare Handlungsaufforderung

Die Kraft von Beweisen

Noch stärker als Worte wirken sichtbare Fakten.

Schriftliche Unterlagen, Tabellen und Statistiken sind das überzeugendste Beweismaterial.

Sie haben mehrere Vorteile:

- Sie wirken objektiv
- Sie reduzieren Diskussionen
- Sie erhöhen die Merkfähigkeit

Wer diesen Effekt nutzt, wird feststellen, wie viel leichter Überzeugung gelingt.

Fazit

Überzeugen ist keine Technik, sondern eine Kombination aus:

- Vorbereitung,
- Psychologie,
- Auftreten
- und Timing.

Es gelingt dort, wo Vertrauen entsteht, wo Sympathie vorhanden ist und wo Argumente nicht nur gehört, sondern gespürt werden.

Körpersprache

Die Körpersprache umfasst weit mehr als Gesichtsmimik, Gestik und stimmlichen Ausdruck. Eine vollständige Darstellung würde den Rahmen sprengen – und gute Literatur zu diesem Thema ist reichlich vorhanden.

Für eine Führungskraft reicht jedoch eines völlig aus: **die wichtigsten Signale erkennen und richtig deuten zu können.**

Und ebenso wichtig: die eigene Körpersprache zu verstehen – und bewusst zu kontrollieren.

Typische Körpersignale und ihre Bedeutung

Einige zentrale Gesten treten immer wieder auf und lassen sich relativ eindeutig interpretieren:

- **Eine Hand an der Tischplatte festhalten** → Unsicherheit

Beide Hände an der Tischplatte

→ starke Unsicherheit

- **Beine hinter Stuhlbeine klemmen** → Unsicherheit, innerer Rückzug

Arme hinter dem Kopf verschränken

→ Sicherheit, Dominanz

- **Zurücklehnen**
  → Ablehnung oder Distanz
- **Körper nach vorne beugen** → Interesse, Offenheit
- **Arme vor dem Körper verschränken** → Abwehr
- **Arme und Beine gleichzeitig verschränkt** → starke Abwehr, innere Blockade
- **Hand beim Sprechen zum Kopf führen**

→ Verlegenheit, Unsicherheit – mitunter auch ein Hinweis auf Unwahrheit

- **Plötzliches Greifen in die Tasche** → Ablehnung, Rückzug

Die Körpersprache verrät mehr als Worte

Die Körpersprache lügt in der Regel nicht.

Sie bewusst zu kontrollieren oder gezielt einzusetzen, erfordert große Übung – und gelingt nur wenigen wirklich überzeugend.

Deshalb gilt für die Führungskraft:

- Die Körpersprache anderer beobachten
- Die eigene Körpersprache reflektieren
- und vermeiden, zu viel vom inneren Zustand preiszugeben

Perfekte Kontrolle ist jedoch eine Illusion. Selbst sehr erfahrene Persönlichkeiten verlieren in angespannten Situationen die vollständige Kontrolle über ihre Körpersignale.

Richtig reagieren

Das Erkennen von Körpersignalen ist nur der erste Schritt. Entscheidend ist die Reaktion.

Ein Beispiel:

Zeigt ein Gesprächspartner eine klare **Abwehrhaltung**, ist jeder Versuch der Überzeugung sinnlos.
Im Gegenteil: Er führt meist zu einer offenen Ablehnung – und diese wird nur selten wieder zurückgenommen.

Die bessere Strategie:

- Thema wechseln
- Spannung abbauen
- auf neutraler Ebene fortfahren

Erst wenn sich die Körpersprache öffnet, ist der richtige Zeitpunkt für Argumente gekommen.

Dasselbe – wenn auch abgeschwächt – gilt bei Unsicherheitsgesten.

Spiegelung – das stille Einverständnis

In Gesprächen lässt sich häufig ein interessantes Phänomen beobachten:

Beide Gesprächspartner bewegen sich gleichzeitig ähnlich:

- greifen zur Tasse
- lehnen sich gleichzeitig vor
- ändern synchron ihre Haltung

Das ist kein Zufall.

Es zeigt eine **unbewusste Übereinstimmung.**

Diese sogenannte Spiegelung kann gezielt eingesetzt werden:

- durch bewusstes Angleichen der Körperhaltung
- durch ähnliche Bewegungen

So entsteht schneller ein Gefühl von Vertrautheit und Übereinstimmung.

Verstehen durch Nachahmen

Wenn eine Körpersprache nicht eindeutig verständlich ist, hilft ein einfacher Trick:

Die Geste selbst nachvollziehen.

Wer die Bewegung nachahmt und dabei bewusst auf das eigene Gefühl achtet, gewinnt oft überraschende Einsichten über die emotionale Lage des Gegenübers.

Der richtige Abstand

Ein häufig unterschätzter Aspekt ist die Distanz zwischen zwei Menschen.

Jeder Mensch hat ein natürliches Distanzempfinden – etwa eine Armlänge.

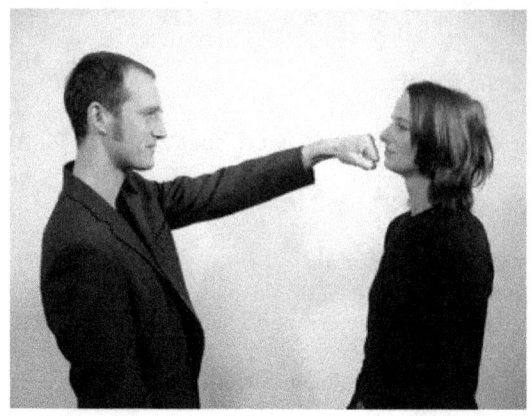

Wird dieser Abstand unterschritten, entsteht Unbehagen. Besonders unangenehm wird es, wenn zusätzliche Faktoren hinzukommen wie:

- unangenehmer Atem
- feuchte Aussprache

Problematisch ist: Menschen mit gestörtem Distanzempfinden merken dies oft nicht.

Ein Zurückweichen hilft selten – der andere rückt meist nach.

Die Lösung hängt von der Situation ab:

- Bei Mitarbeitern oder Kollegen: offen ansprechen
- Bei Vorgesetzten: vorsichtig ausweichen oder indirekt reagieren

Selbstbeobachtung

Jede Führungskraft sollte sich selbst kritisch beobachten:

- Halte ich ausreichend Abstand?
- Wirke ich aufdringlich?
- sende ich unbewusst falsche Signale?

Wer hier nachjustiert, gewinnt sofort an Wirkung.

Denn:

Oft entscheidet nicht das, was gesagt wird – sondern das, was ausgestrahlt wird.

Kontrollieren

Vertrauen ist gut, Kontrolle ist besser.

Ein oft zitierter Satz – und er stimmt.

Kontrolle wird von Mitarbeitern selten als angenehm empfunden. Dennoch ist sie unverzichtbar.
Denn ohne Kontrolle übernimmt die Führungskraft Verantwortung im Blindflug – und das endet früher oder später im Absturz.

Die entscheidende Frage lautet daher nicht: **ob** kontrolliert wird, sondern **wie**.

Warum Kontrolle unverzichtbar ist

Ohne Kontrolle entstehen:

- Nachlässigkeit
- Fehlentwicklungen
- und im schlimmsten Fall gravierende Schäden

Sobald die Führungskraft den Überblick verliert, verliert sie auch ihre Autorität.

Verantwortung ohne Kontrolle ist Verantwortung ohne Grundlage.

Kontrolle gilt für alle – auch für Führungskräfte

Je höher die Position, desto größer die Auswirkungen von Fehlern.

Fehlentscheidungen in wichtigen Funktionen betreffen:

- Kunden
- Ergebnisse
- und letztlich den Markt

Und der Markt reagiert unbarmherzig: mit Umsatzverlusten.

Deshalb müssen Fehler möglichst **vorher** erkannt werden – nicht erst im Ergebnis.

Was wird kontrolliert?

In der Praxis geht es selten um die Kontrolle der Person, sondern um die Kontrolle der Aufgabe.

Personenkontrolle (z. B. Anwesenheit, Pausenverhalten) → nur bei Auffälligkeiten sinnvoll

Leistungskontrolle
→ der Normalfall

Hier stehen im Fokus:

- Termine
- Qualität
- Zielerreichung

Ein einfaches Beispiel: Ein Mitarbeiter erhält den Auftrag, bis zu einem festen Termin ein Angebot zu erstellen.

Die Kontrolle erfolgt durch:

- Terminüberwachung
- Erledigungsmeldung
- ggf. Zwischenberichte

Je unsicherer oder unerfahrener der Mitarbeiter, desto enger muss die Kontrolle sein.

Die richtige Intensität

Die Regel ist einfach:

- **Je wichtiger die Aufgabe, desto enger die Kontrolle.**

Je besser der Mitarbeiter, desto mehr Freiraum.

Bei kritischen Projekten gilt:

Die Führungskraft muss jederzeit wissen, wo das Projekt steht.

Denn nichts ist gefährlicher, als von Dritten über den eigenen Verantwortungsbereich informiert zu werden.

Druck gezielt einsetzen

Ein wirksames Mittel bei trägen Mitarbeitern:

Die Ergebnisse vor einer Gruppe präsentieren lassen.

Mit Termin.

Dieser öffentliche Rahmen erzeugt:

- Verbindlichkeit
- Leistungsdruck
- und oft deutlich bessere Ergebnisse

Kontrolle von Gruppen und Projekten

Bei Arbeitsgruppen und Projektteams besteht eine besondere Gefahr:

Das Abweichen vom eigentlichen Auftrag.

Gegenmaßnahmen:

- Teilnahme an Sitzungen
- oder konsequente Prüfung von Protokollen

Zusätzlich bewährt:

Regelmäßige Status-Meetings.

Wichtig:
Diese finden **immer** statt – auch wenn es nichts Neues gibt.

Lieber eine kurze 5-Minuten-Sitzung als gar keine.

Denn:
Sobald Ausnahmen zugelassen werden, werden sie zur Regel.

Konsequenz ist entscheidend

Kontrolle wirkt nur, wenn sie konsequent erfolgt.

Nachlässigkeit wird sofort erkannt – und ausgenutzt.

Führungsschwächen beginnen dort, wo Konsequenz nachlässt!

Umgang mit Mängeln

Die Reaktion hängt ab von:

- der Schwere des Fehlers
- und dem Mitarbeiter

Abstufungen:

- Hinweis bei kleinen Fehlern
- klare Kritik bei wiederholten Mängeln
- Versetzung oder Trennung bei gravierenden Problemen

Wichtig:

Bei neuen Projekten müssen auch Fehlschläge erlaubt sein.

Wer Innovation will, muss Fehler zulassen.

Oft rechtfertigt **ein** Erfolg **viele** vorherige Fehlversuche.

Besonders sensible Bereiche

In bestimmten Bereichen ist erhöhte Kontrolle zwingend:

- Zahlungsströme
- Auftragsvergaben
- Immobiliengeschäfte

Hier gilt:

- Vier-Augen-Prinzip
- Einbindung der Revision
- ggf. regelmäßiger Personalwechsel

Diese Maßnahmen schützen nicht nur das Unternehmen, sondern auch die beteiligten Mitarbeiter.

Feedback

Feedback bedeutet Rückmeldung über einen entstandenen Eindruck.

Und dafür gilt eine zentrale Regel:

Feedback wird angenommen – nicht diskutiert.

Warum?

Ein Eindruck lässt sich nicht im Nachhinein korrigieren. Er kann nur für die Zukunft verändert werden.

Der richtige Umgang mit Feedback

Wer versucht, Feedback wegzudiskutieren, macht einen Fehler.

Die entscheidende Frage lautet:

Warum ist dieser Eindruck entstanden?

Dort liegt der Ansatzpunkt.

Nicht im Argumentieren – sondern im Verändern der Ursache.

Beispiel aus der Praxis

Ein Gerücht entsteht über einen Mitarbeiter.

Ob wahr oder falsch, ist zunächst zweitrangig.

Entscheidend ist:

Warum konnte dieses Gerücht entstehen?

Die Konsequenz:

- Anlass beseitigen
- Angriffsflächen reduzieren
- Verhalten anpassen

Denn:

Nicht die Wahrheit entscheidet über die Wirkung – sondern der Eindruck.

Mitarbeiterförderung

Am Anfang jeder Förderung steht die Forderung.

Hier trennt sich bereits die Spreu vom Weizen.

Ein Mitarbeiter, der sich nicht bereit zeigt, Vorleistungen zu erbringen, erfüllt schon eine der ersten Forderungen an eine Führungskraft nicht!

Wer dagegen unrealistische Gegenleistungen vom Unternehmen erwartet, zeigt ebenfalls, dass ihm das Verständnis für Führung fehlt.

Denn im Berufsleben gilt:

Karriere entsteht durch überdurchschnittlichen Einsatz – und die Belohnung folgt meist erst später.

Selten vollständig, nie sofort.

Förderung braucht System

Mitarbeiterförderung darf kein Zufallsprodukt sein. Sie sollte strukturiert erfolgen – idealerweise im Rahmen eines klaren Personalentwicklungskonzepts.

Eine zentrale Fähigkeit jeder Führungskraft ist es:

- Potenzial zu erkennen
- und gezielt weiterzuentwickeln

Fachliche Kompetenz ist dabei wichtig – aber nicht entscheidend.

Die ersten Schritte

Zeigt ein Mitarbeiter:

- überdurchschnittliche Leistung
- Verlässlichkeit
- und Engagement

sollte er erste Verantwortung erhalten.

Verantwortung ist der erste echte Vertrauensbeweis – und zugleich der erste Schritt zur Führungskraft.

Förderung durch Herausforderung

Erkennbarer Wille zum Fortschritt und Durchsetzungsstärke sind entscheidende Kriterien.

Solche Mitarbeiter sollten:

- kleinere Projekte übernehmen
- eigenständig Entscheidungen treffen
- Ergebnisse verantworten

Wichtig:

Die Anforderungen dürfen fordern – aber nicht blockieren.

Erfahrung zeigt:

Menschen wachsen an Aufgaben.

Eine Überforderung ist oft weniger schädlich als eine dauerhafte Unterforderung.

Der nächste Entwicklungsschritt

Hat sich ein Mitarbeiter bewährt, folgen:

- gezielte Führungsschulungen
- abgestimmt auf die Unternehmenskultur
- oder auf fundierte Führungsprinzipien

Anschließend:

- erste Führungsfunktion (z. B. Gruppenleitung)

Besonders wertvoll:

Rotation durch verschiedene Bereiche.

Sie schafft:

- breitere Erfahrung
- größere Sicherheit
- und vor allem Abstand zum bisherigen Kollegenkreis

Dieser Abstand ist entscheidend für die spätere Akzeptanz als Führungskraft.

Wille ist entscheidend

Nicht jeder fähige Mitarbeiter will führen.

Viele bevorzugen:

- Stabilität
- geringeren Druck
- ein ruhigeres Arbeitsleben

Das ist legitim – aber:

Ohne Willen zum Aufstieg lohnt sich Förderung nicht.

Führung lässt sich nicht dauerhaft „einreden".

Sympathie – Chance und Risiko

Keine Führungskraft ist völlig frei von Sympathieeinflüssen.

Das ist menschlich – aber gefährlich.

Denn:

Jede Führungskraft sucht unbewusst ihr eigenes Ebenbild.

Besonders kritisch:

- Mitarbeiter, die immer zustimmen
- die Erwartungen bedienen
- und Konflikte vermeiden

Diese sogenannten „Schmeichler" wirken zunächst angenehm – sind aber unzuverlässig.

Denn: **Die Verbeugung gilt immer nur dem Thron – nicht dem Inhaber!**

Mit einem Führungswechsel wechseln oft auch ihre Loyalitäten.

Die richtigen Mitarbeiter auswählen

Starke Führungskräfte umgeben sich nicht mit bequemen Mitarbeitern – sondern mit den besten.

Und die sind oft: **nicht einfach – aber wirkungsvoll.**

Denn: **Die Besten sind häufig die Anspruchsvollsten.**

Der große Vorteil: Der Erfolg dieser Mitarbeiter trägt auch die Führungskraft.

Schwache Führungskräfte handeln anders

Unsichere Führungskräfte:

- meiden starke Mitarbeiter
- bevorzugen schwächere Kräfte
- sichern sich durch Anpassung statt Leistung ab

Das Ergebnis:

- Mittelmaß
- stagnierende Entwicklung
- schwache Organisation

Die Qualität der Mitarbeiter ist immer auch ein Spiegel der Führungskraft.

Umgang mit starken Kritikern

Besonders leistungsstarke Mitarbeiter aus anderen Bereichen können herausfordernd sein:

- kritisch
- fordernd
- unbequem

Wenn sie sich nicht bremsen lassen, kann eine kluge Lösung sein:

Sie ins eigene Team holen.

Der Gedanke dahinter ist einfach: Besser im eigenen Team als dagegen.

Dem amerikanischen Präsidenten Lyndon B. Johnson wird in diesem Zusammenhang der Ausspruch nachgesagt:
„I´d rather have him inside my tent pissing out, than outside the tent pissing in."

Selektion und Leistungsprinzip

In manchen Organisationen wird die Qualität durch regelmäßige Selektion gesichert:

- Trennung von leistungsschwachen Mitarbeitern
- konsequente Leistungsbewertung

Solche Systeme sind wirksam – aber sensibel.

In der Praxis:

- stoßen sie schnell auf Widerstand
- erfordern starke Führung
- und müssen zur Unternehmenskultur passen

Oft sinnvoller: **periodische, klare Leistungsüberprüfungen in größeren Abständen.**

Fazit

Mitarbeiterförderung bedeutet nicht:

- möglichst viele zu entwickeln sondern:
- die Richtigen zu erkennen
- und gezielt voranzubringen

Denn: **Förderung ohne Forderung erzeugt Mittelmaß. Forderung ohne Förderung erzeugt Frust.**

Erst die Verbindung aus beidem schafft echte Führungskräfte.

Der Stellenwechsel

Wie geht ein fähiger Mitarbeiter oder eine Führungskraft mit einer unbefriedigenden Situation um?

Die Antwort ist einfach:

Es gibt nur zwei Möglichkeiten: akzeptieren oder wechseln.

Wer sich entscheidet zu bleiben, muss die Situation vollständig akzeptieren. Dauerhafte Unzufriedenheit belastet:

- die eigene Leistungsfähigkeit
- das Arbeitsklima
- und die persönliche Zufriedenheit

Wer bleibt, sollte innerlich abschließen.

Wer wechseln will, muss dagegen eines unbedingt vermeiden:

überstürzte Entscheidungen aus Emotionen heraus.

Kurzfristige Genugtuung weicht schnell:

- Unsicherheit
- Sorge um die Zukunft
- und oft Reue

Deshalb gilt: **Ruhe bewahren und erst handeln, wenn eine neue Perspektive gesichert ist.**

Gerade auch mit Blick auf:

- Familie
- finanzielle Sicherheit
- und langfristige Stabilität

Formen des Stellenwechsels

Ein Wechsel kann sehr unterschiedliche Auswirkungen haben – je nach Ausprägung:

- innerhalb des Unternehmens am selben Standort
- Wechsel zu einem anderen Unternehmen (gleiche Branche, gleicher Standort)
- Wechsel in eine andere Branche am selben Standort
- interner Wechsel an einen anderen Standort
- Wechsel zu einem anderen Unternehmen an einem anderen Standort
- Wechsel in eine andere Branche an einem anderen Standort

Die größte Veränderung – und meist auch Belastung – bringt:

der Standortwechsel.

Er bedeutet:

- persönliche Einschnitte
- neue soziale Umgebung
- oft höhere Kosten

Dennoch gilt: **Wenn Chancen und Perspektiven stimmen, sollte er nicht gescheut werden.**

Die Rolle der Führungskraft

Eine gute Führungskraft erkennt: **Ein ambitionierter Mitarbeiter wird sich entwickeln – notfalls außerhalb des Unternehmens.**

Ein Weggang lässt sich nur verhindern durch:

- rechtzeitige Förderung
- echte Entwicklungsperspektiven
- klare Aufstiegsmöglichkeiten

Denn:

Die Förderung guter Mitarbeiter ist eine der vornehmsten Aufgaben der Führungskraft.

Der Erfolg, Mitarbeiter wachsen zu sehen, ist oft die größte Form beruflicher Befriedigung.

Wechsel innerhalb des Unternehmens

Ein Wechsel innerhalb des Unternehmens ist oft die beste Lösung:

- Der Mitarbeiter bleibt erhalten
- Wissen geht nicht verloren
- Entwicklung wird ermöglicht

Selbst wenn es schmerzt: **Ein guter Mitarbeiter im Unternehmen ist besser als ein verlorener Mitarbeiter.**

Abwerben und falsche Versprechen

Kritisch ist das gezielte Abwerben durch:

- unrealistische Versprechen
- taktische Manöver

Das führt oft zu:

- Enttäuschung
- Vertrauensverlust

- langfristigen Problemen

Nachhaltiger Erfolg entsteht nur dort, wo:

- Erwartungen realistisch sind
- und Entscheidungen ehrlich getroffen werden

Rückkehr zum alten Arbeitgeber

Nicht jeder Wechsel erfüllt die Erwartungen.

Der Wunsch zur Rückkehr ist häufig.

Viele Unternehmen lehnen dies grundsätzlich ab. Doch diese Haltung ist nicht immer sinnvoll.

Denn: **Die Rückkehr eines guten Mitarbeiters bietet große Chancen:**

- mehr Erfahrung
- realistischere Erwartungen
- höhere Motivation

Zudem sendet sie ein wichtiges Signal: **Auch außerhalb ist nicht alles besser.**

Angebote im eigenen Unternehmen

Wird eine neue Position angeboten, stellt sich oft eine schwierige Frage:

- Karriere oder Zufriedenheit?

Denn beides fällt selten zusammen.

Eine Ablehnung kann:

- zukünftige Chancen blockieren
- die Wahrnehmung im Unternehmen verändern

Eine Annahme kann bedeuten:

- Verlassen der Komfortzone
- Aufgabe gewohnter Stärken
- Einstieg in unbekanntes Terrain

Die entscheidende Erkenntnis

Wer aufsteigen will, muss bereit sein, sich zu verändern.

Das bedeutet oft: **Fachliche Tiefe gegen Führungsverantwortung zu tauschen.**

Viele zögern an diesem Punkt.

Doch: **Erfolgreiche Führungskräfte bereuen diesen Schritt selten.**

Fazit

Ein Stellenwechsel ist keine spontane Entscheidung, sondern eine strategische.

Er verlangt:

- Klarheit über eigene Ziele
- emotionale Disziplin
- und realistische Einschätzung der Folgen

Denn: **Nicht der Wechsel entscheidet über den Erfolg – sondern die Klarheit, warum man ihn vollzieht.**

Einarbeitung neuer Mitarbeiter

Der erste Eindruck entscheidet – oft für lange Zeit, manchmal für immer.

Ein neuer Mitarbeiter, der am ersten Arbeitstag auf ein unvorbereitetes Unternehmen trifft, beginnt sofort zu zweifeln. Und diese Zweifel lassen sich später nur schwer korrigieren.

Erstaunlich oft scheitert es dabei nicht an großen Dingen, sondern an einfachen Selbstverständlichkeiten:

- kein vorbereiteter Arbeitsplatz
- keine informierten Kollegen
- kein klarer Ansprechpartner

Im Extremfall steht der neue Mitarbeiter am ersten Tag im Raum – und niemand weiß, wohin mit ihm.

Der erste Tag – die entscheidende Grundlage

Die wichtigsten Voraussetzungen für einen gelungenen Einstieg sind klar:

- Der Mitarbeiter wird persönlich vom Vorgesetzten empfangen
- Der Vorgesetzte nimmt sich Zeit für ein ausführliches Einführungsgespräch
- Ein strukturierter Einarbeitungsplan liegt vor
- Ein vollständig eingerichteter Arbeitsplatz steht bereit
- Die Vorstellung im Team erfolgt aktiv und bewusst
- Ein erfahrener Kollege wird als Pate benannt

Der Pate übernimmt:

- die Einführung in den Kollegenkreis
- die Begleitung am ersten Arbeitstag (z. B. Mittagessen)
- Unterstützung bei organisatorischen Fragen

Dazu gehören unter anderem:

- Arbeitsabläufe
- Infrastruktur (Parkplatz, Garderobe, Verpflegung)
- interne Gepflogenheiten

Alle beteiligten Mitarbeiter sollten im Vorfeld informiert sein.

Eine kleine Geste kann dabei große Wirkung haben:

Ein persönlicher Empfang – etwa durch einen Blumenstrauß am Arbeitsplatz – bleibt in Erinnerung.

Die erste Phase: enge Führung

Neue Mitarbeiter müssen zu Beginn eng geführt werden.

Enge Führung bedeutet: regelmäßige, kurze Rückkopplung.

Die Führungskraft sollte sich in kurzen Abständen berichten lassen:

- über laufende Aufgaben
- über Entscheidungen
- über erste Erfahrungen

Ziel ist es:

den Mitarbeiter frühzeitig richtig auszurichten – bevor sich falsche Gewohnheiten festsetzen.

Das erste Feedbackgespräch

Nach etwa einem Monat sollte ein strukturiertes Gespräch stattfinden:

- Haben sich die Erwartungen erfüllt?
- Wo bestehen Abweichungen?
- Erste Leistungsbeurteilung
- Passt die Tätigkeit zu Fähigkeiten und Neigungen?

Dieses Gespräch ist entscheidend für:

- Motivation
- Orientierung
- und langfristige Bindung

Risiken in der Anfangsphase

Ein häufiger Fehler:

Neue Mitarbeiter werden zu früh mit kritischen oder völlig neuen Aufgaben betraut.

Dabei treffen zwei Unsicherheiten aufeinander:

- der neue Mitarbeiter
- die neue Aufgabe

Das erhöht das Risiko erheblich.

Ausnahme:
Wenn bewusst externe Expertise für ein neues Themenfeld eingekauft wird. Aber auch dann bleiben Risiken bestehen.

Umgang mit Altlasten

Besonders schwierig wird die Situation, wenn:

- der Vorgänger problematisch ausgeschieden ist
- oder im Team Unzufriedenheit besteht

In solchen Fällen wird der neue Mitarbeiter oft zu Unrecht belastet.

Das äußert sich in:

- Misstrauen
- Distanz
- oder sogar offener Ablehnung

Das ist nicht nur unfair – es ist auch unprofessionell.

Denn:

Der neue Mitarbeiter trägt keine Verantwortung für die Vergangenheit.

Konkurrenzsituationen im Team

Eine besondere Dynamik entsteht, wenn ein interner Kandidat die Position ebenfalls angestrebt hat.

Dieser hat die Entscheidung bereits verloren.

Versucht er dennoch, den neuen Kollegen zu verdrängen, schadet er sich selbst.

Die einzig sinnvolle Haltung ist: **„When you can't beat him, join him."**

Fehlentscheidungen erkennen und korrigieren

Fehlentscheidungen bei Einstellungen kommen vor – häufiger, als man denkt.

Entscheidend ist nicht, dass sie passieren, sondern: **wie schnell man sie korrigiert.**

Ein ungeeigneter Mitarbeiter auf einer falschen Position führt zu:

- Frustration
- Leistungsproblemen

- und langfristigen Schäden

Deshalb gilt: **Notwendige Konsequenzen - sofort!**

Verantwortung über die Trennung hinaus

Gerade in der Probezeit ist eine Trennung organisatorisch einfach.

Aber: **Sie ist menschlich oft schwierig.**

Der betroffene Mitarbeiter hat möglicherweise:

- seinen alten Arbeitsplatz aufgegeben
- seinen Wohnort gewechselt
- familiäre Verpflichtungen

Ein verantwortungsvolles Unternehmen sollte deshalb:

- nach Lösungen suchen
- Unterstützung anbieten
- und den Mitarbeiter nicht allein lassen

Die soziale Verantwortung eines seriösen Unternehmens gebietet es, nach für alle Beteiligten tragbaren Ersatzlösungen zu suchen.

Fazit

Eine gute Einarbeitung entscheidet über:

- Motivation
- Leistungsfähigkeit
- und Bindung an das Unternehmen

Sie ist kein organisatorisches Detail, sondern:

eine zentrale Führungsaufgabe.

Denn: **Der erste Eindruck lässt sich später kaum korrigieren – aber er lässt sich von Anfang an richtig gestalten.**

3. Führungsinstrumente für das Middle-Management

Roulierende Mehrjahresplanung

Planung ist die Bekämpfung des Zufalls.

Niemand plant den Misserfolg, aber viele haben Misserfolg bei der Planung.

Über Sinn und Unsinn von Mehrjahresplanungen wird viel diskutiert. Kritiker verweisen darauf, dass selbst kurzfristige Ziele oft nicht erreicht werden – warum also fünf Jahre im Voraus planen?

Dieses Argument greift zu kurz.

Denn der Zweck einer Planung ist nicht zwingend, jedes Ziel exakt zu erreichen. Ihr eigentlicher Wert liegt darin:

eine Richtung vorzugeben, eine Vision zu entwickeln und Handeln zu strukturieren.

Warum Planung unverzichtbar ist

Wer nicht plant, lebt ins Blaue hinein.

Das Unternehmensergebnis wird dann weitgehend dem Zufall überlassen. In guten Zeiten mag das funktionieren – nachhaltig erfolgreich ist es nicht.

Was nicht gemessen wird, kann nicht gemanagt werden!

Schon die Festlegung eines Jahresziels ist ein erster Schritt. Aber echte Steuerung entsteht erst durch systematisches Vorgehen.

Was „Managen" bedeutet

Managen heißt:

- Ziel festlegen
- Zwischenziele definieren
- aktuellen Stand ermitteln
- Maßnahmen planen
- Zielerreichung kontrollieren
- bei Abweichungen nachsteuern oder Ziele anpassen

Ohne diesen Kreislauf bleibt Führung reaktiv statt gestaltend.

Die Rolle der Mehrjahresplanung

Eine Mehrjahresplanung ist notwendig, wenn:

- Investitionen vorbereitet werden müssen
- Personal aufgebaut oder reduziert werden soll
- strategische Veränderungen anstehen

Ohne frühzeitige Planung entstehen:

- höhere Kosten
- Zeitverluste
- Fehlentwicklungen

Typische Planungszeiträume:

- **3 Jahre** (realistisch, operativ geprägt)
- **5 Jahre** (strategisch, visionär)

Inhalte einer fundierten Planung

Eine gute Planung geht über das reine Ergebnis hinaus.

Zentral ist eine vollständige **Plan-GuV** für jedes Jahr. Daraus ergeben sich Detailplanungen für alle Bereiche:

Rechnungswesen

- Kapitalbedarf
- Kapitalerträge
- Cashflow

Vertrieb

- Absatzmengen
- Anzahl der Verkäufer
- Vertriebsbudget

Personal

- Mitarbeiteranzahl
- Schulungsmaßnahmen

Verwaltung

- Materialbedarf
- Kostenplanung

Wichtig:

Jede Zahl muss nachvollziehbar sein – über Mengen und Einzelwerte.

Vom Jahresplan zur Steuerung im Alltag

Damit Planung steuerbar wird, muss sie heruntergebrochen werden:

☞ idealerweise auf **Monatswerte**

Ein übersichtlicher Aufbau eines Monatsberichtes für z. B. Mai kann wie folgt aussehen:

```
Position/Monats-Ist/....Ist kumuliert/..VIST-Plan zum Jahresende
........Ist GJ Ist VJ Diff..IstGJ Ist VJ Diff......VIST IstVJ Diff....Plan Diff
Erlöse..120   100   20..500.400..25.....1200.1043.15....1095..5
```

- Erklärungen:
kumulierte Werte
= Jahresmonate aufgelaufen
VIST
= voraussichtliches Ist am Jahresende
Oft nur arithmetische Hochrechnung,
besser mit Berücksichtigung saisonaler Schwankungen.
- **GJ** = Geschäftsjahr
- **VJ** = Vorjahr

Besonders wichtig ist das VIST:

Es zeigt frühzeitig, wohin sich das Jahr entwickelt.

Die roulierende Planung

Eine Planung ist kein starres Instrument.

Sie wird **jährlich aktualisiert und fortgeschrieben:**

- Ist-Ergebnis wird eingearbeitet

- Planungszeitraum wird um ein Jahr verlängert

→ ☐ So entsteht eine **rollierende Mehrjahresplanung**

Da Jahresabschlüsse oft spät vorliegen, wird mit **VIST-Zahlen** gearbeitet.

Diese sind gegen Jahresende ausreichend präzise, um frühzeitig neue Ziele festzulegen.

Typischer Fehler: Planung erst in der Krise

Viele Unternehmen planen erst dann, wenn es zu spät ist.

In guten Zeiten wird Planung vernachlässigt. In schlechten Zeiten wird sie hektisch nachgeholt.

Das Ergebnis:

Die Krise wird erkannt – aber nicht verhindert.

Unternehmen ohne Planung:

- reagieren zu spät
- verlieren Kontrolle
- werden bei Markteinbrüchen zuerst getroffen

Plan-Ist-Vergleich als Frühwarnsystem

Der größte Nutzen der Planung liegt im Vergleich: ☞ **Plan vs. Ist**

Abweichungen zeigen:

- ob Maßnahmen wirken
- ob Ziele realistisch sind
- ob Gegenmaßnahmen nötig sind

Bei größeren negativen Abweichungen gilt: **Alarmstufe!**

Worst Case und Überlebenslinie

In kritischen Situationen reicht normale Planung nicht mehr aus.

Dann sind zwei Instrumente entscheidend:

1. Worst-Case-Szenario

- Was passiert bei maximal negativer Entwicklung?

2. Überlebenslinie

- Ab welchem Punkt ist das Unternehmen gefährdet?
- Wann sind Eigenmittel aufgebraucht?

- Wann droht Zahlungsunfähigkeit?

Diese Fragen sind unangenehm – aber überlebenswichtig.

Fazit

Eine Mehrjahresplanung ist kein theoretisches Konstrukt, sondern:

das zentrale Steuerungsinstrument für nachhaltigen Unternehmenserfolg.

Sie schafft:

- Orientierung
- Transparenz
- Handlungsfähigkeit

Und vor allem:

Sie sorgt dafür, dass Probleme erkannt werden, bevor sie existenzbedrohend werden.

Denn: **Wer seine Grenzen kennt, kann rechtzeitig handeln.**

Zielvorgaben

Am Anfang jeder Zielsetzung steht eine einfache, aber entscheidende Frage: **Welche Aufgabe ist jetzt wirklich dringend?**

Es ist sinnlos, sich ambitionierte Ziele zu setzen, während akute Probleme ungelöst bleiben. Was brennt, hat Vorrang.

Wer das missachtet, verzettelt sich – und verliert den Blick für das Wesentliche.

Zwei Wege zur Zielsetzung

Bei der Entwicklung von Zielen gibt es grundsätzlich zwei Ansätze:

1. **Zielanpassung**
   Ziele werden an bestehende Gegebenheiten angepasst.
2. **Gegebenheitsanpassung**
   Es wird von einer Idealvorstellung ausgegangen, losgelöst von allen unzureichenden Gegebenheiten – und die Realität wird daran angepasst.

Der Unterschied ist entscheidend:

- Angepasste Ziele sind leichter erreichbar
- Angepasste Gegebenheiten führen zu besseren Ergebnissen

☞ Wer Großes erreichen will, muss bereit sein, an den Umständen zu arbeiten – nicht nur an den Zielen.

Zielvorgaben schaffen Führung

Planung allein genügt nicht. Erst durch konkrete Zielvorgaben entsteht echte Führung.

Durch das Herunterbrechen der Unternehmensziele auf alle Ebenen:

- wird Klarheit geschaffen
- entsteht Orientierung
- wächst Sicherheit

Für die Führungskraft bedeutet das:

Sie muss konkret formulieren, was sie von jedem einzelnen Mitarbeiter erwartet.

Das ist aufwendig – aber hochwirksam.

Der entscheidende Moment

Ein oft unterschätzter Effekt: **Die Führungskraft spürt, dass sie führt – und der Mitarbeiter spürt, dass er geführt wird.**

Das ist häufig der eigentliche Wendepunkt in einer Organisation.

Vom Aufgaben- zum Ergebnisdenken

Ohne klare Zielvorgaben arbeiten Mitarbeiter meist:

- aufgabenorientiert („Ich bearbeite Vorgänge")
- statt ergebnisorientiert („Ich erreiche ein Ziel")

Zielvorgaben verändern genau das.

Sie machen deutlich: **Es geht nicht darum, beschäftigt zu sein – sondern Ergebnisse zu erzielen.**

Die zwei zentralen Hebel

Fast jedes Unternehmensergebnis lässt sich auf zwei Faktoren zurückführen:

- **Umsatz steigern**
- **Kosten senken**

Oder einfacher:

Ein bisschen mehr Umsatz und ein bisschen weniger Kosten – mit enormer Wirkung auf das Ergebnis.

Arten von Zielen

In der Praxis hat sich eine klare Struktur bewährt:

1. **Geschäftsergebnis-Ziele (direkt wirksam)**

   - Umsatzsteigerung
   - Kostenreduzierung
   - Produktentwicklungen
   - Rationalisierungsmaßnahmen

2. **Organisatorische Ziele (indirekt wirksam)**

   - Qualitätsverbesserung
   - Schulungen
   - Prozessoptimierungen
   - Serviceverbesserungen

Beide sind wichtig – aber:

Alle Ziele müssen letztlich auf das Unternehmensergebnis einzahlen.

Konkrete Zielbeispiele (operativ)

Für Mitarbeiter lassen sich Ziele z. B. definieren als:

- Teilnahme an Schulungen (inkl. Umsetzung der Inhalte)
- Prozessverbesserungsvorschläge
- Einhaltung von Bearbeitungszeiten
- Verbesserung der Erreichbarkeit
- Besuche von Standorten oder Kunden

☞ Der Schlüssel: **Jede Tätigkeit muss in eine messbare Verbesserung übersetzt werden.**

Der entscheidende Grundsatz:

Eine Zielerfüllung muss objektiv messbar sein.

Hier liegt die häufigste Fehlerquelle.

Unklare Ziele wie:

- „Qualität verbessern"
- „Reklamationen reduzieren"

führen zwangsläufig zu Streit und Frustration.

Besser:

- „Fehlerquote von 5 % auf 3 % senken"
- „Reklamationen um 20 % reduzieren"

Denn: **Was man nicht messen kann, kann man nicht managen!**

Wie geht man am Besten vor? Bereiche mit Messzahlen sind für eine Zielvorgabe unproblematisch, z. B. Umsatzzahlen, Kostenbeträge oder Kostenquoten, Fehler- oder Ausschussquoten, Produktivitätskennziffern usw. Hierzu können überall Zielzahlen oder Zielquoten festgelegt werden. Neben diesen Parametern wird für so nicht erfassbare Ziele auf Zeitvorgaben zurückgegriffen. Das bedeutet, dass ein Ziel zu einem bestimmten Termin erfüllt sein muss.

Beispiel:

```
..............................Termine
..............................Zielquoten
```

Organisatorisches Ziel

```
Rationalisierung der Arbeitsabläufe..............

Auflistung aller Arbeitsvorgänge
Nach prozentualer Gewichtung
Bis zum.................................1. Februar

Darstellung der bedeutendsten
Arbeitsvorgänge im Detail
Bis zum.................................1. März
Feststellung des Rationalisierungs-
Potenzials in einer Arbeitsgruppe
Tagung am..............................15. März

Einleitung der Rationalisierungs-
Maßnahmen
Projektanträge bis zum..................1. Juni

Abschluss der Rationalisierungs-
Maßnahmen und Festlegung neuer
Produktionskennziffern
Bis zum................................31. Dezember
```

Ergebnisziel

```
Kostenbegrenzung................................

Unterschreitung des genehmigten
Kostenbudgets um...........................5 %
```

Zieltypen: Absolut vs. relativ

Es gibt zwei Arten von Zielen:

Absolute Ziele

- müssen vollständig erreicht werden

    Beispiel: Deadline-Projekte

Relative Ziele

- auch Teilerfüllung ist Erfolg

    Beispiel: Kostenreduzierung

☞ Wichtig ist die klare Unterscheidung.

Bei einer Zielefindung kann das folgende Schema hilfreich sein:

ZIELE..............................**Organisatorisch / Ergebnis**

Qualitativ

Quantitativ

Einbindung der Mitarbeiter

Ziele sollten nicht ausschließlich „von oben" kommen.

Besser:

- Mitarbeiter schlagen eigene Ziele vor
- Führungskraft wählt und justiert
- gemeinsame Abstimmung erfolgt

Vorteil: **Höhere Identifikation – und damit höhere Motivation.**

Realismus entscheidet

Zu hohe Ziele wirken nicht motivierend, sondern zerstörend.

Ein Ziel, an das der Mitarbeiter nicht glaubt, wird ignoriert.

Deshalb gilt:

- Ziele müssen anspruchsvoll sein
- aber erreichbar erscheinen

☞ Akzeptanz ist die Voraussetzung für Leistung.

Vision vs. Realität

Neben realistischen Zielen braucht es auch: **eine große, inspirierende Perspektive.**

Denn: Nichts motiviert stärker als die Aussicht, Teil von etwas Großem zu sein.

Checkliste für gute Zielvorgaben

Ein Ziel ist nur dann gut, wenn folgende Fragen mit „Ja" beantwortet werden können:

- Passt es zur Unternehmensplanung?
- Ist der Zusammenhang zum Gesamtziel erkennbar?
- Handelt es sich um ein Ergebnis- oder Organisationsziel?
- Verbessert es Qualität oder Quantität?
- Ist es objektiv messbar?
- Ist klar, ob Teil- oder Vollerfüllung zählt?
- Wird es vom Mitarbeiter akzeptiert?
- Ist es für die nächste Führungsebene nachvollziehbar?

Fazit

Zielvorgaben sind kein Verwaltungsakt, sondern: **das zentrale Führungsinstrument im operativen Alltag.**

Sie schaffen:

- Klarheit
- Verbindlichkeit
- Ergebnisorientierung

Und sie bewirken das Entscheidende: Aus Arbeit wird Leistung – und aus Leistung wird Erfolg.

Bonusziele

Die Unternehmensleitung muss eine grundlegende Entscheidung treffen:

Soll Zielerreichung finanziell honoriert werden – und wenn ja, für wen?

Die Antwort ist eindeutig: **Finanzielle Anreize sind sinnvoll – und oft hochwirksam.**

Warum individuelle Boni entscheidend sind

Ein Bonus, der ausschließlich vom Gesamtunternehmensergebnis abhängt, greift zu kurz.

Warum?

- Das Ergebnis wird von vielen Faktoren beeinflusst
- Der einzelne Mitarbeiter erkennt seinen Beitrag kaum
- Leistungsstarke fühlen sich benachteiligt
- Schwächere profitieren mit

Die Folge: **Motivation sinkt statt zu steigen.**

Deshalb gilt: ☞ **Der Bonus muss an die individuelle Leistung gekoppelt sein.**

Nur so entsteht ein direkter Zusammenhang zwischen:

- Einsatz
- Leistung
- Belohnung

Und genau dieser Zusammenhang treibt Leistung an.

Beispiel:

```
Ergebnisziel.....Termine..Zielerfüllungs-
.....................Zielquoten....Bonus
Unterschreitung
des genehmigten
Kostenbudgets um.................5 %...........10 %
```

(Eine Unterschreitung zwischen 0 und 5 % reduziert den Bonus-Prozentsatz entsprechend)

Struktur eines Bonusmodells

Ein bewährtes Modell basiert auf:

- einem **maximalen Jahresbonus** (z. B. 30.000 €)
- einer **prozentualen Verteilung auf einzelne Ziele**

Beispiel:

- Ziel A: 10 %
- Ziel B: 20 %
- Ziel C: 30 %
- usw.

Bei **100 % Zielerfüllung** wird der volle Bonus ausgezahlt. Bei **Teilerfüllung** erfolgt eine anteilige Auszahlung.

Beispielhafte Logik

- Maximalbonus: 30.000 €

- Zielgewicht: 10 % → 3.000 €

Wird das Ziel nur zu 60 % erreicht:

☞ Auszahlung: 60 % von 3.000 € = **1.800 €**

Der große Vorteil:

Die Berechnung ist objektiv, nachvollziehbar und konfliktfrei.

Auszug aus einer Bonusberechnung:

```
Zielvereinbarungen..Kommentar....Zielerfüllung....Bonus
Ergebnisziel
Unterschreitung des...Das Kosten-
genehmigten Budgets...budget wurde
um 5 %................um 3 %...........60 %......60 % von 10 %
....................unterschritten................= 6 %
```

(Eine Unterschreitung zwischen 0 und 5 % reduziert den Bonus-Prozentsatz entsprechend)

Der entscheidende Vorteil

Ein solches System verhindert:

- Diskussionen
- Interpretationsspielräume
- Abhängigkeit von subjektiven Einschätzungen

Und es bleibt stabil, selbst wenn:

- die Führungskraft wechselt
- neue Verantwortliche übernehmen

☞ Zahlen bleiben Zahlen.

Wichtige Grundregeln

Ein funktionierendes Bonussystem braucht:

1. Dokumentation

- Zielerfüllung muss belegbar sein
- Mitarbeiter liefern Nachweise selbst

2. Flexibilität

- Bei veränderten Rahmenbedingungen müssen Ziele angepasst werden

3. Abstimmung

- Zielvereinbarung erfolgt zwischen:
    - Mitarbeiter
    - direkter Führungskraft
    - nächsthöherer Führungsebene

☞ Erst mit dieser dritten Unterschrift ist das Ziel verbindlich.

Produktivitätskennziffern (PKZ)

Ein Unternehmen ist dann überlegen, wenn es mit gleichem Einsatz: **mehr Ergebnis erzielt als die Konkurrenz.**

Das ist Produktivität.

Die zentrale Führungsaufgabe:

Produktivität zu steigern ist eine Kernaufgabe jeder Führungskraft.

Dabei gilt:

- Technik hilft
- Organisation entscheidet
- Führung macht den Unterschied

Der größte Hebel: Personalkosten

In vielen Unternehmen sind Personalkosten der wichtigste Kostenblock.

Produktivität bedeutet deshalb auch:

- richtigen Personaleinsatz
- effiziente Arbeitsweise
- Vermeidung von Fehlallokationen

Beispiele für typische Fehler:

- Hochqualifizierte erledigen einfache Tätigkeiten
- Vertrieb wird mit Verwaltung belastet
- unnötige Prozesse bleiben bestehen

☞ Das ist kein Detailproblem – sondern ein Wettbewerbsnachteil.

Rationalisierung als Daueraufgabe

Rationalisierung ist kein Projekt, sondern ein permanenter Prozess.

Jede Führungskraft ist verpflichtet:

- Abläufe zu hinterfragen
- Notwendigkeiten zu prüfen
- Vereinfachungen zu suchen

Oft reicht schon eine einfache Frage: **„Warum machen wir das eigentlich noch so?"**

Produktivität messen – aber wie?

Ohne Messung keine Steuerung.

Auch ohne externe Berater lässt sich Produktivität erfassen.

Schritt 1: Arbeitsbereiche definieren
Beispiel aus einem Betriebsbereich einer Versicherungsgesellschaft:

- Antragsbearbeitung
- Bestandsbearbeitung
- Schriftwechsel
- Mahnwesen
- Sonstiges

Schritt 2: Arbeitsvolumen erfassen

- Anzahl der Vorgänge pro Bereich
- idealerweise über EDV
- alternativ manuelle Erfassung

Nach dem zweiten Schritt sieht die Auflistung wie folgt aus:

```
Arbeitsbereiche---Jahres-Arbeitsmenge
Antragsbearbeitung --------36.000 Anträge
Bestandsbearbeitung -------100.000 Vorgänge
Schriftwechsel ------------11.000 Vorgänge
Mahnverfahren -------------19.000 Vorgänge
Sonstige ------------------nicht gezählt
```

Schritt 3: Leistungsfähigkeit bestimmen

☞ Der dritte Schritt besteht in der Feststellung, wieviel Arbeitsvorgänge ein Mitarbeiter im Durchschnitt pro Monat und pro Jahr bewältigt, wenn er sich **ausschließlich** in einem Arbeitsbereich betätigt (=Produktivitätskennziffer PKZ).

Diese Feststellung erfolgt durch eine grobe Arbeitszeitmessung für eine repräsentative Anzahl von Vorgängen bei unterschiedlichen Mitarbeitern.

Danach lässt sich die Anzahl der notwendigen Mitarbeiter berechnen. Damit wird die Auflistung erweitert:

```
Arbeitsbereiche.Jahres-Arbeits-..1 Mitarb.  ..1 Mitarb.  .Notw. Mitarb.
.................menge........pro Monat....pro Jahr..............
Antragsbearbeit....36.000.........1.000......12.000........3,0......
Bestandsbearbeit..100.000...........800.......9.600.......10,6......
Schriftwechsel.....11.000...........700.......8.400........1,3......
Mahnverfahren......19.000...........600.......7.200........2,6......
Sonstige.........nicht gezählt
.......................................= PKZ.................gesamt 17,3..
```

Schritt 4: Abgleich mit Realität

Im vierten Schritt ermittelt man ggf. die endgültigen Produktivitätskennziffern (**PKZ**).
Das geschieht durch eine Anpassung der durch Zeitmessung ermittelten durchschnittlichen **Arbeitsmenge je Mitarbeiter pro Monat** an die tatsächliche Arbeitsmenge, unter Einbeziehung nicht wesentlicher, nicht gezählter Arbeitsvorgänge.
Dadurch entstehen leichte, unbedeutende Ungenauigkeiten, die aber durchaus in Kauf genommen werden können, ohne den Sinn dieser Produktivitätsbemessung zu mindern. Vorausgesetzt, dass die nicht gezählten Arbeitsvorgänge keinen zu hohen Anteil an der Gesamt-Arbeitsmenge haben, oder dass sich die Menge dieser Arbeitsvorgänge in etwa proportional zur Gesamt-Arbeitsmenge verändert.

Interne vs. externe Verfahren

Externe Systeme:

- sehr präzise
- sehr teuer
- sehr aufwendig

Interne Verfahren:

- pragmatisch
- ausreichend genau
- sofort umsetzbar

☞ Entscheidend ist nicht Perfektion, sondern Anwendung.

Fazit

Bonusziele und Produktivitätskennzahlen sind keine isolierten Instrumente.

Sie bilden gemeinsam: **ein kraftvolles System zur Leistungssteuerung.**

Sie sorgen für:

- klare Erwartungen
- messbare Ergebnisse

- direkte Anreize

Und sie führen zu dem, worauf es am Ende ankommt:

Mehr Leistung, höhere Effizienz – und messbarer Erfolg.

Notwendiger Personaleinsatz (Headcount)

Die Grundlage für den notwendigen Personaleinsatz ist einfach:

Arbeitsmenge ÷ Leistung pro Mitarbeiter = benötigte Mitarbeiterzahl

Oder konkreter:

- Jahres-Arbeitsmenge
  geteilt durch
- Anzahl der Vorgänge pro Mitarbeiter

ergibt den **erforderlichen Headcount.**

Vom Rechenwert zur Realität

Die rechnerisch ermittelte Mitarbeiterzahl (im obigen Beispiel 17,3) wird in der Praxis fast nie mit der tatsächlichen Besetzung übereinstimmen.

Warum?

- Zeitmessungen sind nur Näherungen
- Nebentätigkeiten werden nicht vollständig erfasst
- individuelle Unterschiede bleiben unberücksichtigt

Deshalb erfolgt eine **Anpassung an die Realität.**

Die notwendige Kalibrierung

Beispiel:

- Berechnet: 17,3 Mitarbeiter
- Tatsächlich vorhanden: 19 Mitarbeiter

☞ Differenz: ca. **+10 %** oder **1.7 Mitarbeiter**

Diese Abweichung wird genutzt, um die Basiswerte zu justieren:

- Arbeitsmenge pro Mitarbeiter wird reduziert
- Headcount je Bereich entsprechend angepasst

Das Ergebnis:

Ein realistisches, arbeitsfähiges Modell.

Die endgültige Übersicht weist dann folgende Zahlen auf:

```
Arbeitsbereiche.Jahres-Arbeits-.1 Mitarb. ..1 Mitarb. .Notw. Mitarb.
................menge........pro Monat....pro Jahr.............
Antragsbearbeit....36.000...........909......10.909........3,3......
Bestandsbearbeit..100.000...........730.......8.772.......11,4......
Schriftwechsel.....11.000...........611.......7.333........1,5......
Mahnverfahren......19.000...........565.......6.786........2,8......

.............................= PKZ.................gesamt 19,0..
```

Umgang mit „gebrochenen Zahlen"

Werte wie 17,3 Mitarbeiter sind kein Problem.

Denn:

- Mitarbeiter arbeiten nicht isoliert nach Bereichen
- Aufgaben vermischen sich im Alltag
- Teilzeitkräfte können eingesetzt werden

☞ Wichtig ist nicht die mathematische Perfektion, sondern die **praktische Steuerbarkeit**.

Die zwei Kernfunktionen des Systems

Das Instrument der Produktivitätskennziffern erfüllt zwei zentrale Aufgaben:

1. Steuerung des Personalbedarfs

- liefert Orientierung für den laufenden Einsatz
- zeigt Über- oder Unterbesetzung

2. Messung der Produktivität

- macht Entwicklungen sichtbar
- zeigt Fortschritte oder Rückschritte

Und das: **einfach, kostengünstig und sofort anwendbar.**

Wichtiger Hinweis

Die ermittelten Werte zeigen:

☞ **die IST-Produktivität der Vergangenheit**

Sie sind:

- keine absolute Bewertung
- kein Benchmark

- kein Qualitätsurteil

Sondern: **eine Ausgangsbasis für Verbesserungen.**

Einführung des Systems

Nach der einmaligen Basisarbeit beginnt die eigentliche Nutzung:

☞ **monatliche Produktivitäts- und Headcount-Auswertung**

Wichtig dabei: Einbindung der Führungskraft

- Verständnis des Systems
- Identifikation mit den Zahlen

Ohne Akzeptanz: **kein funktionierendes Steuerungsinstrument.**

Monatliche Steuerung

Ab jetzt hat eine Fürungskraft monatliche Produktivitäts- und Headcount-Berechnungen zu liefern, z. B. in der folgenden Form:

```
PRODUKTIVITÄTS- und HEADCOUNT-BERECHNUNG
       Für Monat März 2011


Arbeitsbereiche..... Monat....1....2.....3......12.....Ø

Anträge....................3520..3240..2910.........3223
Bestand Vorgänge...........9480..8723..7165.........8456
Schriftwechsel.............993...844...790..........876
Mahnverfahren..............2133..1987..1702.........1941


PKZ........2009..2010..2011
Anträge......798...845...909
Bestand......621...688...730
Schriftw.....577...598...611
Mahnverf.....543...543...565


Mitarbeiter Soll   ....(Beispiel: 3520 Anträge : (PKZ 2011) 909 = 3,9)

Anträge.....................3,9..3,6..3,2............3,5
Bestand.....................13,0.11,9..9,8...........11,6
Schriftwechsel..............1,6..1,4..1,3............1,4
Mahnverfahren...............3,8..3,5..3,0............3,4
GESAMT......................22,3.20,4.17,3...........19,9
```

Mitarbeiter Ist

```
GESAMT.....................20,0.20,0.18,0..........19,3

Differenz Soll/Ist..........-2,3.-0,4.+0,7..........-0,6
```

Diese Übersicht zeigt eine positive Entwicklung der Produktivität der Abteilung anhand der Produktivitätskennziffern (**PKZ**) der Jahre 2009 bis 2011 und sie zeigt im Jahr 2011 für die ersten drei Monate die Über- und Unterbelegung mit Personal (**Headcount**).

Bei den Mitarbeiter-IST–Zahlen sollten Urlaube, Krankenstände und sonstige Ausfälle berücksichtigt werden, genauso sollten Halbtags- und Zeitarbeitskräfte und Überstunden anteilmäßig bewertet werden.

Der enorme Nutzen der Produktivitätsbemessung für das Unternehmen oder auch nur schon für eine Abteilung darf nicht unterschätzt werden. Sie ist ein wesentliches Element der Kostensteuerung. Mit ihr wird ein Maßstab geschaffen, ohne den Zielvorgaben auf diesem Gebiet nicht möglich wären. Mit der Möglichkeit von Zielvorgaben zur Produktivitätsverbesserung entsteht ein zweites, weiter unterstützendes Element zur Kostenreduzierung.

Die regelmäßige Auswertung zeigt:

- Entwicklung der Produktivität (PKZ)
- Über- oder Unterdeckung beim Personal
- Trends und Handlungsbedarf

Dabei zu berücksichtigen:

- Urlaubszeiten
- Krankheitsausfälle
- Teilzeitkräfte
- Überstunden
- Zeitarbeit

☞ Nur so entsteht ein realistisches Bild.

Der strategische Nutzen

Produktivitätsmessung ist kein Selbstzweck.

Sie ist: **ein zentrales Instrument der Kostensteuerung.**

Erst durch Messbarkeit wird möglich:

- Zielvorgaben zu definieren
- Verbesserungen zu verfolgen
- Effizienz systematisch zu steigern

Die große Versuchung: Vergleiche

Naheliegend – aber gefährlich:

☞ Vergleich mit anderen Abteilungen oder Unternehmen

Warum problematisch?

- unterschiedliche Organisationen
- unterschiedliche Prozesse
- unterschiedliche Rahmenbedingungen

Das Ergebnis: **Vergleiche hinken – und führen in die Irre.**

Der entscheidende Grundsatz:

Wichtiger als jeder Vergleich ist die eigene Verbesserung.

Produktivität ist kein Wettbewerb mit anderen – sondern:

☞ **ein permanenter interner Entwicklungsprozess**

Produktivität im Vertrieb

Im Vertrieb sind Vergleiche üblich – aber oft falsch.

Ungeeignet: Gesamtumsatz einer Einheit

Besser: Umsatz **pro Mitarbeiter**

Das ist: ☞ eine echte Produktivitätskennziffer

Sie zeigt:

- wie effizient geführt wird
- wie leistungsfähig das Team ist

Messgrößen können sein:

- Stückumsatz
- Wertumsatz
- Kombination aus beiden

Fazit

Headcount- und Produktivitätssteuerung sind keine theoretischen Instrumente.

Sie sind: **praktische Werkzeuge für bessere Führung.**

Sie ermöglichen:

- Transparenz

- Steuerbarkeit
- Effizienz

Und sie führen zu dem, was entscheidend ist:

Mehr Leistung mit optimalem Einsatz von Ressourcen.

Kontrolle der Arbeitsqualität

Arbeitsqualität kann man nicht managen, wenn man sie nicht misst.

Und dennoch: **Sie muss gemanagt werden.**

Warum Qualität entscheidend ist

Fehlerhafte Arbeit hat immer Folgen:

- schlechter Eindruck intern
- Vertrauensverlust bei Kunden
- Imageschäden für das Unternehmen

Noch gravierender:

Ein Unternehmen, das Qualität nicht ernst nimmt, verliert Disziplin.

Und Disziplinverlust breitet sich schnell aus – über alle Ebenen hinweg.

Messbarkeit von Qualität

In fast allen Bereichen lässt sich Qualität messen:

☞ **über Fehlerquoten**

Das ist einfacher, als es zunächst erscheint.

Beispiel Produktion

In der Industrie ist es selbstverständlich:

- fehlerhafte Produkte werden aussortiert
- Ausschuss wird gezählt
- Quote wird ermittelt

Typisch:

- tolerierte Ausschussquote: z. B. 3 %

Wichtig:

☞ Diese Quote erreicht den Kunden nicht vollständig

☞ zusätzliche Kennzahl: **Reklamationsquote**

Der entscheidende Schritt:

Toleranzgrenzen definieren!

Diese sind gleichzeitig:

- Steuerungsgröße
- Zielvorgabe
- Maßstab für Leistung

Qualitätsmessung im Dienstleistungsbereich

Auch hier ist Messung möglich:

- Stichproben von Arbeitsvorgängen
- regelmäßige Prüfungen (z. B. monatlich)
- statistische Erfassung der Fehlerquote

Wichtig:

☞ Die Stichprobe muss **repräsentativ** sein.

Eine statistische Erfassung könnte wie folgt aussehen:

FEHLERQUOTENSTATISTIK ABTEILUNG 835
2011

```
........................ANZAHL............
Monat.............überprüfte........festgestellte..
.............Arbeitsvorgänge........Fehler......

Januar.............280..................12........
Februar............300..................11........
März...............320..................12........
..................................................
..................................................
Dezember...........340..................12........

.......................FEHLERQUOTEN........
Monat........................aufgelaufen..Vorjahr

Januar..............4,3...........4,3........4,5..
Februar.............3,8...........4,0........4,2..
März................3,7...........3,9........4,0..
..................................................
..................................................
Dezember............3,5...........3,6........3,8..
```

Wer prüft die Qualität?

Mögliche Instanzen:

- Fachrevision
- Gruppenleiter
- speziell benannte Prüfer

Bei kritischen Entwicklungen:

☞ auch **Mitarbeiter-bezogene Auswertungen** möglich (unter Beachtung arbeitsrechtlicher Rahmenbedingungen)

Auswertungssystem

Die Qualität sollte dargestellt werden:

- monatlich
- kumuliert über das Jahr
- im Vergleich zum Vorjahr

Der Vorteil: **Trends werden sichtbar – nicht nur Momentaufnahmen.**

Einflussfaktoren berücksichtigen

Fehlerquoten sind nicht isoliert zu betrachten.

Typische Einflussgrößen:

- hohe Arbeitsbelastung
- Zeitdruck
- Rückstände

In solchen Phasen:

☞ steigen **Fehlerquoten** zwangsläufig

Aber: **Auch dann gelten Grenzen.**

Denn: ☞ Image- und Qualitätsverlust sind nicht beliebig tolerierbar.

Zielsteuerung über Qualität

Beispiel:

- Ist: 3,8 %
- Folgejahr: Ziel 3,6 %
- nächstes Jahr: Ziel 3,2 %
- langfristig: < 3 %

☞ Schrittweise Verbesserung statt unrealistischer Sprünge

Zusätzlich erforderlich:

konkrete Maßnahmenplanung

Der richtige Anspruch

Ein gutes Unternehmen verlangt:

grundsätzlich fehlerfreies Arbeiten.

Auch wenn:

- Null-Fehler praktisch nicht erreichbar ist

☞ darf dieser Anspruch nicht aufgegeben werden

Die große Fehlhaltung

Aussagen wie: „Bei uns dürfen auch Fehler gemacht werden"

wirken auf den ersten Blick motivierend – sind aber gefährlich.

Denn sie führen zu:

- Nachlässigkeit
- falscher Sicherheit
- sinkender Qualität

Die Realität kritischer Bereiche

Man stelle sich vor:

- Ärzte
- Piloten
- Apotheker
- Busfahrer

☞ Welche Fehlerquote wäre akzeptabel?

Die Antwort ist klar: **Keine, die man bewusst tolerieren würde.**

Fazit

Qualitätskontrolle ist kein bürokratischer Aufwand, sondern: **ein zentrales Führungsinstrument.**

Sie schafft:

- Transparenz
- Verbindlichkeit
- Disziplin

Und sie sichert: **Vertrauen – intern wie extern.**

Denn am Ende gilt: **Qualität ist kein Zufall – sie ist das Ergebnis konsequenter Führung.**

Beurteilungsgespräche

Sie werden geliebt – und sie werden gehasst.

Von Führungskräften ebenso wie von Mitarbeitern. Auch der Betriebsrat hat oft eine eigene, nicht immer einheitliche Haltung dazu.

Und dennoch: **Beurteilungsgespräche sind unverzichtbar.**

Warum sie notwendig sind

Der Mitarbeiter hat – auch wenn er es selbst nicht immer so empfindet – ein Recht darauf:

zu erfahren, wie seine Leistung beurteilt wird.

Und die Führungskraft hat die Pflicht:

den Mitarbeiter über ihre Einschätzung nicht im Unklaren zu lassen.

Das Grundproblem

Viele Führungskräfte vermeiden Beurteilungsgespräche:

- weil sie unangenehm sein können
- weil sie Konflikte auslösen könnten
- weil man sich „ja ohnehin täglich sieht"

Das Ergebnis:

☞ **Missverständnisse entstehen**

Der Mitarbeiter glaubt:

- seine Leistung sei gut
- sein Verhalten sei akzeptiert

Die Realität:

- Kritik wurde nie ausgesprochen
- Erwartungen wurden nie klar formuliert

Die Folge:

☞ Forderung nach Gehaltserhöhung
☞ Enttäuschung
☞ Konflikt

Ein zentraler Grundsatz

Das Hinausschieben von Problemen löst die Probleme nicht!

Organisation von Beurteilungen

Wenn es kein offizielles System gibt:

☞ muss die Führungskraft selbst eines schaffen

Grundregeln:

- Beurteilungen für alle direkt unterstellten Mitarbeiter
- transparente Kriterien
- klare Kommunikation im Vorfeld
- regelmäßiger Rhythmus

☞ Bewährt hat sich: **die jährliche Regelbeurteilung**

Struktur statt Beliebigkeit

Moderne Tendenzen empfehlen oft:

- freie Gespräche
- keine festen Kriterien
- keine Noten

Das Ergebnis:

☞ Unsicherheit – auf beiden Seiten

Besser: **klare, bekannte Beurteilungskriterien**

Das Bewertungssystem

Das klassische Schulnotensystem hat Nachteile:

- wird selten voll genutzt
- stark subjektive Anwendung
- Vergleichbarkeit leidet

Praxisnäher:

Drei-Stufen-System

a = verbesserungsfähig
b = in Ordnung
c = hervorragend

Vorteil:

☞ selbst die schwächste Bewertung bleibt konstruktiv

Ergänzende qualitative Beurteilung

Neben der formalen Bewertung entscheidend:

die Aufführung von

- mindestens **drei Stärken**
- mindestens **drei Schwächen**

Aber:

☞ reine Feststellung reicht nicht

Es müssen folgen:

- konkrete Maßnahmen
- Entwicklungsansätze
- Fördermöglichkeiten

z. B.:

- Schulungen
- Seminare
- gezielte Aufgaben

Umgang mit Kritik

Bei kritischen Bewertungen:

☞ Einverständnis ist nicht zwingend

Deshalb sinnvoll:

- Möglichkeit zur **schriftlichen Stellungnahme des Mitarbeiters**

Wichtig:

- keine endlosen Gegendarstellungen
- keine Eskalationsspirale

Formaler Abschluss

Die Beurteilung wird unterschrieben von:

- Mitarbeiter
- Führungskraft
- nächsthöherem Vorgesetzten

☞ Die Unterschrift bestätigt: **das Gespräch – nicht die Zustimmung**

Besondere Situationen

Ältere, langjährige Mitarbeiter

Typische Herausforderung:

- gefestigter Arbeitsstil
- geringe Veränderungsbereitschaft

Lösung:

- kurze, klare Gespräche
- Kontinuität akzeptieren
- dennoch Feedback geben

☞ Wichtig: **Auch Stabilität ist eine Information.**

Typischer Führungsfehler

Beurteilung als:

- Benotung
- Kritikgespräch
- „oberlehrerhafte Bewertung"

Das greift zu kurz.

Der eigentliche Sinn:

Beurteilungsgespräche sind Zukunftsgespräche.

Die Führungskraft soll gemeinsam mit dem Mitarbeiter:

- nach vorne blicken
- Entwicklungsmöglichkeiten erkennen
- konkrete Ziele definieren

Die ideale Verzahnung

Am wirkungsvollsten ist die Kombination von:

- Rückblick (Zielerfüllung)
- Beurteilung
- neue Zielvereinbarung

☞ Ein integrierter Prozess

Ergebnis:

- Klarheit
- Motivation
- Orientierung

Fazit

Richtig geführt sind Beurteilungsgespräche:

ein zentrales Führungs- und Motivationswerkzeug.

Sie schaffen:

- Transparenz
- Vertrauen
- Entwicklung

Und sie verhindern:

die gefährlichste Situation überhaupt – den Irrglauben, alles sei in Ordnung.

Gehalt

Das Thema Gehalt kann im Beurteilungsgespräch behandelt werden – es muss aber nicht zwingend Bestandteil sein.

Ist ein **Bonusmodell** vereinbart, wird ohnehin über Vergütung gesprochen. In diesem Fall bietet sich die Verknüpfung geradezu an.

☞ **Der große Vorteil:**

Dem Mitarbeiter wird bewusst: **Leistung und Vergütung gehören untrennbar zusammen.**

Klarheit statt Unverbindlichkeit

Gerade beim Thema Gehalt gilt: **Die Führungskraft darf nicht „herumeiern".**

Langfristig entsteht die stabilere Beziehung, wenn sie:

- klar
- eindeutig
- konsequent

Position bezieht.

Die größte Fehlerquelle

☞ Unklare, vage Aussagen

Denn:

- der Mitarbeiter versteht oft mehr, als gemeint ist
- Erwartungen entstehen
- Enttäuschungen sind programmiert

Nichts belastet die Zusammenarbeit mehr als missverständliche Hoffnungen.

Vorsicht bei Zusagen

Besonders kritisch:

Wenn die Führungskraft **nicht allein entscheidungsbefugt ist**.

Dann gilt:

☞ Zusagen nur mit äußerster Zurückhaltung

Denn:

- unerwartete Einwände sind häufig
- Rücknahmen von Zusagen sind hoch problematisch
- Glaubwürdigkeit steht auf dem Spiel
-

Leistungsabhängige Vergütung

Gehalt ist einer der stärksten Motivationsfaktoren.

Die zentrale Frage der Geschäftsleitung lautet:

☞ **Wie hoch soll der leistungsabhängige Anteil sein?**

Grundsatz:

- je höher der Leistungsanteil → desto größer die Leistungsbereitschaft

Aber:

☞ Übertreibung kann kontraproduktiv wirken

Der entscheidende Unterschied

Nicht nur:

Unternehmensergebnis als Basis

sondern besser:

☞ **Aufteilung auf individuelle Ziele**

Warum?

- individuelle Leistung wird sichtbar
- direkte Beeinflussbarkeit steigt
- Motivation wird gezielt gesteuert

Ein wichtiger Grundsatz

Ziele mit Gemeinschaftsbezug bremsen den Einzelnen.

Der leistungsstarke Mitarbeiter denkt:

☞ „Warum soll ich mehr leisten, wenn andere profitieren?"

Das optimale Modell

Für ambitionierte Mitarbeiter gilt:

Niedriges Grundgehalt + hoher Leistungsanteil = maximaler Anreiz

Routinegespräche

Neben Zielgesprächen und Beurteilungen ist ein weiteres Instrument entscheidend:

☞ **das regelmäßige Berichtsgespräch**

Grundprinzip

Jeder Mitarbeiter berichtet:

- auf Aufforderung
- regelmäßig
- strukturiert

Ohne Aufforderung nur bei:

☞ **wichtigen, außergewöhnlichen Vorgängen**

Ein alter Grundsatz:

„Gehe nie zu deinem Fürst, wenn du nicht gerufen wirst."

Übersetzt:

☞ Keine unnötige Belastung durch Belanglosigkeiten

Struktur durch feste Termine

Empfehlung:

☞ **Jour fixe – mindestens monatlich**

Im Voraus für ein ganzes Jahr festgelegt.

Erweiterte Nutzung

Bei Gesprächen mit untergeordneten Führungskräften:

☞ Einbeziehung der nächsten Ebene sinnvoll

Vorteile:

- bessere Einschätzung von Nachwuchskräften
- direkter Eindruck
- frühzeitige Talentidentifikation

Standard-Themen für Berichte

- Arbeitsstand / Rückstände
- Personalsituation
- Geschäftsergebnisse (unterjährig)
- Projektstände
- Großaufträge / Großkunden
- Besonderheiten und Entwicklungen

Der kritische Erfolgsfaktor:

☞ **Konsequenz**

Denn: Wenn die Führungskraft nicht nachhakt, entsteht sofort Schlendrian.

Mitarbeiter lernen schnell:

- unangenehme Themen werden liegen gelassen
- Fristen verlieren an Bedeutung
- Verantwortung wird aufgeweicht

Ein einfaches, aber geniales Instrument:

☞ **Die Vorgangsmappe (oder digitale Entsprechung)**

Für jeden Mitarbeiter:

- eigenes Fach
- alle offenen Punkte dokumentiert
- bei jedem Gespräch wieder aufgerufen

Wirkung:

- nichts geht verloren
- Verbindlichkeit entsteht
- Transparenz wächst

Ein zentraler Führungsgrundsatz:

Wer nicht nachfasst, wird nicht ernst genommen.

Auch kurze Gespräche sind wertvoll.

Ein Routinegespräch muss nicht lang sein.

Wichtig ist:

☞ **Es findet statt. Immer!**

Denn:

- es signalisiert Struktur
- es schafft Verbindlichkeit
- es stärkt die Führungsrolle

Kernaussage:

Eine Führungskraft, die sich nicht berichten lässt, führt nicht wirklich!

Einordnung im Gesamtsystem

Diese Instrumente wirken zusammen:

- Zielvorgaben
- Produktivitätskennzahlen
- Fehlerquoten
- Beurteilungsgespräche
- Routinegespräche
- Round-Table-Gespräche

☞ Sie mögen formal erscheinen.

Aber: Sie sind das Gegengewicht zu den unvermeidlichen Unzulänglichkeiten jeder Organisation.

Schlussgedanke

Führung ohne Struktur ist Zufall.

Und: **Zufall ist kein Führungsinstrument.**

Round-Table-Gespräche

Berichte sind nicht nur ein zentrales Führungsinstrument – sie sind zugleich **das Rückgrat des Informationsflusses im Unternehmen.**

Dieser Informationsfluss verläuft in drei Richtungen:

- **von unten nach oben**
- **von oben nach unten**
- **horizontal zwischen Kollegen**

Warum Round Tables unverzichtbar sind

Neben schriftlichen Informationen braucht es:

☞ **regelmäßige persönliche Austauschformate**

Empfehlung: **monatliche Round-Table-Gespräche**

Teilnehmerkreis

- Führungskraft
- direkt unterstellte Mitarbeiter
- ggf. weitere wichtige Mitarbeiter der nächsten Ebene

Der eigentliche Zweck

Nicht die Führungskraft steht im Mittelpunkt.

☞ Sondern:

der Informationsaustausch auf gleicher Ebene

Das typische Problem im Unternehmen

In vielen Organisationen gilt:

☞ **„Jeder arbeitet – aber keiner weiß genau, was der andere tut."**

Die Folgen:

- Missverständnisse
- Doppelarbeit
- falsche Einschätzungen
- unnötige Reibungsverluste

Der Effekt von Round Tables

Durch regelmäßigen Austausch:

- lernen sich Kollegen besser kennen
- werden Stärken und Schwächen sichtbar
- entsteht realistische Einschätzung
- verbessert sich die Zusammenarbeit

Der klassische Führungsfehler

Bei größeren Runden (z. B. Geschäftsleitung + Führungskräfte):

☞ Häufig spricht nur die Geschäftsleitung.

Das Problem:

- Informationsfluss wird einseitig
- Führungskräfte werden zu passiven Empfängern
- Anspruchshaltung entsteht

Die eigentliche Führungsfunktion wird verfehlt.

Die richtige Struktur

Ablauf eines effektiven Round Tables:

1. **Kurze Einleitung durch die Führungskraft**

    o wichtigste Informationen
    o strategische Hinweise

2. **Berichte der Teilnehmer – reihum**

    o strukturierte Beiträge
    o Fokus auf wesentliche Themen

3. **Offene Punkte / Austausch**

    o Diskussion
    o Abstimmung

- Klärung

Typische Berichtsinhalte

Ähnlich wie bei Routinegesprächen:

- Arbeitsstände
- Projekte
- Probleme
- besondere Entwicklungen
- relevante Kunden / Vorgänge

☞ Wichtig: **zusätzlich Raum für freie Themen lassen**

Ein oft missverstandener Punkt

Die Führungskraft kennt vieles bereits.

☞ Aber darum geht es nicht.

Der Zweck ist nicht Information der Führungskraft – sondern Information aller.

Der entscheidende Nutzen

Nur gut informierte Mitarbeiter können gut entscheiden.

Denn:

- sie verstehen Zusammenhänge
- sie erkennen Auswirkungen
- sie handeln unternehmensorientierter

Konkrete Vorteile

- weniger Rückfragen
- weniger Nacharbeit
- bessere Abstimmung
- höhere Effizienz
- stärkere Motivation

Ein besonders wirkungsvolles Instrument

☞ **Mitarbeiterreferate im Round Table**

Gelegentlich:

- übernimmt ein Mitarbeiter ein Thema
- bereitet es strukturiert auf
- stellt es der Gruppe vor

Vorteile:

- tiefere Information für alle
- starke Lernwirkung für den Referenten
- Zeitersparnis für die Führungskraft

Organisatorische Verankerung

Ein funktionierender Informationsfluss entsteht nicht zufällig.

☞ Deshalb sollte gelten:

Round-Table-Gespräche sind verpflichtend – auf allen Ebenen.

Mindestens: ☞ einmal monatlich pro Führungsebene

Kontrolle und Nachhaltigkeit

Zur Sicherstellung der Qualität:

- Protokolle führen
- Inhalte dokumentieren
- Regelmäßigkeit überprüfen

Protokollführung:

- durch Mitarbeiter
- oder rotierend im Team

Kernaussage

Information ist kein Nebenprodukt – sie ist ein Führungsinstrument.

Schlussgedanke

Unternehmen scheitern selten an fehlender Leistung.

Sie scheitern viel häufiger an:

☞ **mangelnder Abstimmung und unzureichendem Informationsfluss**

Und genau hier setzen Round-Table-Gespräche an.

Nachwuchserkennung

Für eine Führungskraft reicht es nicht aus, nur ihre direkt unterstellten Führungskräfte gut zu kennen.

☞ Entscheidend ist auch: **ein klares Bild vom Führungsnachwuchs zu haben.**

Denn:

- Nachwuchskräfte werden nicht immer ausreichend erkannt
- Förderung erfolgt oft zufällig oder zu spät
- Potenziale bleiben ungenutzt

Ein wirkungsvolles Instrument

☞ **Junior-Round-Table-Gespräche**

Empfehlung:

- nicht monatlich zwingend
- aber regelmäßig (z. B. alle 2–3 Monate)

Zusammensetzung

- jede untergeordnete Führungskraft benennt → ein bis zwei geeignete Nachwuchskräfte

Optional:

- jährlicher Austausch einzelner Teilnehmer
- → frische Impulse
- → breitere Talentbasis

Ein sensibles Thema

Diese Initiative wird häufig:

☞ **mit Skepsis oder Argwohn betrachtet**

Gründe:

- Angst vor Kontrollverlust
- Befürchtung von „Nebenkommunikation"
- Unsicherheit über Inhalte

Wie man Widerstände entschärft

- **Transparenz über Ziel und Ablauf**
- **Protokollweitergabe**
- **gelegentliche Teilnahme der Führungskräfte**

Aber:

☞ **nicht dauerhaft**

Denn:

- Nachwuchskräfte sprechen offener ohne direkte Vorgesetzte
- echte Einschätzungen werden nur so sichtbar

Der Nutzen für die Führungskraft

- schneller Überblick über Talente
- realistische Einschätzung von Potenzialen
- frühzeitige Identifikation von Führungspersönlichkeiten

Zusätzlich:

☞ Aufbau persönlicher Beziehungen

Ein entscheidender Vorteil bei späteren:

- Beförderungen
- Direktunterstellungen

Der Nutzen für die Teilnehmer

- breiterer Einblick ins Unternehmen
- stärkere Motivation
- höhere Identifikation

Und:

☞ **frühzeitige Einbindung in größere Zusammenhänge**

Der Effekt auf die Organisation

- bessere Vernetzung
- stärkeres Teamgefühl
- einheitlichere Zielausrichtung

☞ **Die Organisation wächst zusammen.**

Schulungspläne

Information allein reicht nicht aus.

☞ Wissen muss:

- aufgebaut
- vertieft
- aufgefrischt

werden.

Warum Schulungen unverzichtbar sind

Mitarbeiter benötigen:

- neues Wissen
- Auffrischung vorhandener Kenntnisse
- Sicherheit im Umgang mit Themen

Zwei Arten von Schulungen

- **Externe Schulungen**

Für grundlegende Themen:

- Rhetorik
- Präsentation
- Zeitmanagement

☞ Vorteil: professionelle Tiefe

- **Interne Schulungen**

Für praxisnahe Themen:

- tägliche Probleme
- konkrete Arbeitsabläufe
- bereichsspezifisches Wissen

☞ Vorteil: direkte Anwendbarkeit

Ein entscheidender Hebel

☞ Mitarbeiter als Referenten einsetzen

Nicht immer die Führungskraft selbst.

Vorteile:

- Entlastung der Führungskraft
- stärkere Einbindung der Mitarbeiter
- intensiver Lerneffekt für den Referenten

Voraussetzung:

☞ Kontrolle durch die Führungskraft → keine fachlichen Fehler

Organisation der Schulungen

Die Frequenz hängt ab von:

- aktuellen Problemen
- Wissensbedarf
- Veränderungsdynamik

Optional:

☞ Kombination mit Round-Table-Gesprächen

Ein klarer Führungsanspruch

Wer hohe Qualität erwartet, muss in Schulung investieren.

Verbindlichkeit schaffen

Die übergeordnete Führungskraft sollte:

- Schulungen einfordern
- Durchführung kontrollieren

z. B. durch:

- Schulungsprotokolle

Systematische Planung

Empfehlung:

☞ **jährlicher Schulungsplan**

Inhalte:

- Themen
- Frequenz
- Referenten

Beispiel:

- Vorlage des Plans bis Datum X (**Zielvorgabe**)
- monatliche Protokolle

Integration in Zielsysteme

Schulungsmaßnahmen können Teil der Zielvorgaben sein:

- Planung
- Durchführung
- Dokumentation

☞ Dadurch entsteht:

Verbindlichkeit + Nachhaltigkeit

Kernaussage

Nachwuchs entsteht nicht zufällig. Und Qualität auch nicht.

Beides ist das Ergebnis von:

- Aufmerksamkeit
- Struktur
- konsequenter Förderung

Projektplanung

Jedes Projekt beginnt mit einer Idee.

Doch: **Eine Idee allein ist wertlos.**

☞ Entscheidend sind:

- die Möglichkeit zur Umsetzung
- und die tatsächliche Durchführung

Der zentrale Grundsatz

Ideen sind nur der Anfang – Umsetzung ist alles.

Das typische Problem

Viele Mitarbeiter:

- entwickeln gute Ideen
- präsentieren sie
- und betrachten ihre Aufgabe als erledigt

In Wirklichkeit:

☞ **Sie haben nur den ersten Schritt gemacht.**

Denn es fehlt:

- ein konkreter Durchführungsplan
- eine Kosten-Nutzen-Betrachtung
- die Bereitschaft zur Verantwortung

Wann eine Idee eine Chance hat

Eine Projektidee wird erst dann relevant, wenn sie:

- durchdacht ist

- strukturiert geplant wurde
- von Anfang bis Ende gedacht ist

Und vor allem:

☞ **wenn jemand bereit ist, sie zu verantworten**

Der entscheidende Unterschied

Zwischen:

- einem Ideengeber
- und einem Leistungsträger

liegt genau hier: ☞ **der Wille zur Umsetzung**

Chance für Mitarbeiter

Wer ein Projekt vollständig vorbereitet:

- qualifiziert sich sichtbar
- hebt sich deutlich ab
- empfiehlt sich für höhere Aufgaben

☞ Er beweist:

Er ist ein „Kümmerer".

Aufgabe der Führungskraft

Die Führungskraft muss:

- selbst in Projekten denken
- konsequent auf Umsetzung bestehen
- Mitarbeiter zur vollständigen Planung anleiten

Die große Gefahr: Überregulierung

Ein häufiger Fehler:

☞ **zu hohe Anforderungen an die Planung**

Folgen:

- Demotivation
- Vermeidung von Initiative
- gute Ideen sterben frühzeitig

Ein wichtiger Realitätsfaktor

Nicht jedes Projekt lässt sich vollständig berechnen:

- Risiken bleiben bestehen
- Nutzen ist oft nur teilweise quantifizierbar
- besonders bei Serviceverbesserungen

☞ Perfekte Planung ist eine Illusion.

Ein treffendes Bild

Hätte Christoph Kolumbus alle Risiken berechnen müssen, wäre Amerika nie entdeckt worden.

Die zweite große Gefahr

☞ **Zerreden von Ideen in Gremien**

Typische Beteiligte:

- „Bedenkenträger"
- Risiko-Vermeider
- Detailkritiker

Das Ergebnis:

- die Idee wird verfälscht
- der Initiator verliert die Identifikation
- Motivation bricht ein

Die Rolle der Führungskraft

Hier ist klare Führung gefragt:

- Schutz guter Ideen
- sinnvolle Besetzung von Entscheidungsgremien
- Vermeidung unnötiger Diskussionen

☞ **Nicht jede Kritik ist wertvoll.**

Das richtige Gleichgewicht

Erfolgreiche Projektplanung bewegt sich zwischen:

- Struktur
- Pragmatismus
- Entscheidungsfähigkeit

Nutzen klarer Projektregeln

Gut definierte Rahmenbedingungen führen zu:

- mehr Initiative
- effizienterer Umsetzung
- geringeren wirtschaftlichen Risiken

Und verhindern: ☞ **reine Bauchentscheidungen**

Kernaussage

Ideen schaffen Möglichkeiten. Umsetzung schafft Ergebnisse.

Schlussgedanke

Unternehmen scheitern selten an fehlenden Ideen.

Sie scheitern daran:

☞ **dass niemand die Verantwortung übernimmt, sie wirklich umzusetzen.**

Stellenbeschreibungen

Stellenbeschreibungen machen Arbeit.

☞ Aber:

- nicht jedes Jahr neu
- sondern einmal grundlegend
- mit gelegentlicher Aktualisierung

Die zentrale Frage

Lohnt sich dieser Aufwand überhaupt?

Auf den ersten Blick:

- Viele Unternehmen kommen auch ohne aus
- Abläufe entstehen „organisch"
- Zusammenarbeit funktioniert scheinbar

Die Realität dahinter

Das ist kein Zeichen von Stärke.

☞ Sondern oft: **ein Laisser-faire-Führungsstil mit viel Führungslosigkeit**

Die Konsequenzen

Ohne klare Stellenbeschreibungen:

- organisiert sich jeder Mitarbeiter selbst
- entstehen Zufälligkeiten
- hängt vieles von individuellen Vorlieben ab

In kleinen Einheiten kann das funktionieren.

Aber:

☞ **Mit wachsender Organisation scheitert dieses Modell.**

Der Irrtum

Ein häufiger Glaube:

☞ Mehr Freiheit = mehr Motivation

Die Realität:

☞ **Mehr Freiheit ohne Klarheit = mehr Unsicherheit**

Das eigentliche Problem

Fehlende Struktur wird in guten Zeiten überdeckt.

- Ergebnisse sind ausreichend
- Schwächen bleiben verborgen

Doch:

☞ **In schwierigen Zeiten zeigt sich die Qualität der Organisation.**

Ein grundlegender Zusammenhang

Gut organisierte Unternehmen überstehen Krisen. Unstrukturierte gehören zu den ersten Verlierern.

Funktion der Stellenbeschreibung

Eine gute Stellenbeschreibung erfüllt zwei Aufgaben:

1. Klare Abgrenzung

- Aufgaben
- Verantwortung
- Zuständigkeiten

2. Klare Zielrichtung

☞ Der Stelleninhaber weiß: **Wofür er arbeitet – nicht nur, was er tut**

Beispielhafte Struktur

Aufgaben (Abgrenzung)

- Angebotserstellung / Auftragsannahme
- Auftragsbearbeitung
- Bestandsverwaltung

Ziel (Ausrichtung)

- Ausbau des Kundenbestandes
- Verkaufsförderung
- Sicherstellung der Rentabilität

☞ Ergebnis:

Es wird kein Verwalter gesucht – sondern ein Unternehmer im Kleinen.

Ein zentraler Führungsgrundsatz

Wer nicht sagt, was er will, bekommt nicht, was er will!

Die eigentliche Stärke

Die Stellenbeschreibung zwingt die Führungskraft:

- klar zu denken
- Prioritäten zu setzen
- Erwartungen zu formulieren

☞ Sie ist: **ein Instrument zur Selbstdisziplin der Führungskraft**

Typische Inhalte einer Stellenbeschreibung

- Unterstellungsverhältnis
- Überstellungsverhältnisse
- Vertretungsregelung
- Qualifikationsanforderungen
- Schnittstellen zu anderen Bereichen

Ein praktischer Hinweis

Auch ohne offizielle Vorgaben:

☞ kann eine Führungskraft Stellenbeschreibungen im eigenen Bereich einführen

Aber:

- ohne übermäßige Formalität
- ohne Konflikte mit zentralen Stellen

☞ Sonst droht: „**der Fluch der guten Tat**"

Zwei entscheidende Zusatznutzen

1. Für die Führungskraft

- bewusste Delegation
- klare Verantwortungszuordnung
- saubere Organisationsstruktur

2. Für den Mitarbeiter

- Klarheit über Zuständigkeiten
- Sicherheit im Handeln
- bessere Orientierung

Der Vergleich

Auch ohne Stellenbeschreibung kann Arbeit funktionieren.

Aber:

☞ **Nie so klar. Nie so effizient. Nie so stabil.**

Ein oft unterschätzter Vorteil

Bei Personalwechseln:

- schnellere Einarbeitung
- geringere Reibungsverluste
- bessere Kontinuität

Kernaussage

Stellenbeschreibungen schaffen Klarheit. Und Klarheit ist die Grundlage jeder guten Führung.

Schlussgedanke

Organisation entsteht nicht von selbst.

☞ Sie ist das Ergebnis von:

- klaren Gedanken
- bewussten Entscheidungen
- und konsequenter Umsetzung

Bewerbergespräche

Die finanzielle Tragweite einer Einstellungsentscheidung wird häufig unterschätzt.

Ein Beispiel:

- Bruttogehalt: 3.500 € monatlich
- 13 Gehälter: 45.500 € jährlich
- plus ca. 75 % Nebenkosten

☞ ergibt rund **80.000 € pro Jahr**

Bei einer Verweildauer von fünf Jahren:

☞ **400.000 € Gesamtaufwand**

Die eigentliche Dimension

Innerhalb weniger Stunden entscheidet eine Führungskraft über eine Investition dieser Größenordnung!

Das zweite Risiko

Neben der finanziellen Seite steht die entscheidende Frage:

☞ **Passt der Mitarbeiter überhaupt?**

- zur Aufgabe
- zum Team
- zur Führungskraft

Die ernüchternde Realität

Erfahrungswerte zeigen:

- 1/3 gute Entscheidungen
- 1/3 Fehlentscheidungen
- 1/3 mittelmäßige Ergebnisse
-

☞ **Das Problem liegt selten am Bewerber.**

☞ **Das Problem liegt in der Auswahl.**

Der häufigste Fehler

Bauchentscheidungen

Sie basieren auf:

- ersten Eindrücken
- Sympathie oder Antipathie
- Vorurteilen

☞ und führen selten zu verlässlichen Ergebnissen.

Der bessere Ansatz

Mehrere Perspektiven einbeziehen:

- direkter Vorgesetzter
- Personalverantwortlicher
- ein bis zwei Kollegen

☞ **Objektivität entsteht durch Vielfalt der Wahrnehmung**

Ein unterschätztes Instrument

Nachkontrolle der Auswahlentscheidungen

☞ Welche Mitarbeiter haben sich bewährt?
☞ Welche nicht?
☞ Warum?

Oft zeigt sich:

☞ **Die vermeintlich „besten" Kandidaten sind nicht die erfolgreichsten.**

Das Problem mit Zeugnissen

- zeigen formale Leistungen
- spiegeln selten tatsächliche Fähigkeiten

☞ **Entscheidend ist die Praxis – nicht das Papier**

Die Konsequenz

Bewerbergespräche müssen professionell vorbereitet werden.

Die drei Ziele eines Bewerbergesprächs

- **Informationen über den Bewerber gewinnen**
- **Fragen des Bewerbers beantworten**
- **Interesse an der Position erzeugen**
-

☞ **Alle drei Ziele sind gleich wichtig**

Der zentrale Grundsatz

Wer Informationen will, muss den Bewerber zum Reden bringen!

Ein klassisches Problem

Viele Führungskräfte:

- reden selbst zu viel
- präsentieren nur das Unternehmen
- stellen zu wenig Fragen

☞ Ergebnis: **Man weiß hinterher fast nichts über den Bewerber**

Gefährliche Situation

Bei besonders attraktiven Kandidaten:

- Entscheidung innerlich schon getroffen
- kritische Fragen werden nicht mehr gestellt

☞ Es fehlen Informationen zu:

- Persönlichkeit
- Belastbarkeit
- Motivation
- Umfeld

Wichtige Fragenfelder

- Wie denkt der Bewerber über die Aufgabe?
- Welche Ziele verfolgt er?
- Wo sieht er seine Stärken und Schwächen?
- Passt seine Vorstellung zur Realität im Unternehmen?

Ein wirksames Instrument

☞ **Konzeption verlangen**

- spontan im Gespräch oder
- als Hausaufgabe

„Wie würden Sie diese Aufgabe angehen?"

☞ Das zeigt:

- Denkweise
- Struktur
- Initiative

Ein Warnsignal

Selbstverwirklichung im Vordergrund

☞ Gefahr:

- fehlende Anpassung
- geringe Steuerbarkeit
- spätere Konflikte

Die Gesprächsatmosphäre

☞ Erfolgsfaktor: **Sympathie statt Überlegenheit**

- offene Atmosphäre
- echtes Interesse
- respektvolle Kommunikation

☞ Harte, dominante Gesprächsführung führt zu: **Verschlossenheit statt Offenheit**

Die schwierige Situation

Wenn früh klar wird:

☞ Der Bewerber passt nicht

Dennoch gilt:

- respektvoller Umgang
- angemessene Gesprächsdauer

☞ **Auch Absagen prägen das Unternehmensimage**

Nach dem Gespräch

- schnelle Entscheidung
- klare Rückmeldung

☞ spätestens nach 14 Tagen

Bei Verzögerung:

☞ **Zwischenbescheid geben**

Assessment-Center

Ein komplexes Instrument mit **großem Potenzial** – und **großen Risiken**.

Die Chance

- strukturierte Beurteilung

- Vergleichbarkeit
- realitätsnahe Tests

Das Hauptproblem

☞ **Die Qualität der Beobachter**

Ohne:

- fundierte Ausbildung
- Erfahrung
- methodische Sicherheit

führt das Verfahren zu: ☞ **falschen Ergebnissen**

Ein kritischer Punkt

Hierarchiegefälle

☞ Bewerber dürfen nicht beurteilt werden von Personen, die deutlich unter ihrem zukünftigen Niveau liegen

Die klare Empfehlung

Wenn keine absoluten Profis verfügbar sind:

☞ **Finger weg vom Assessment-Center**

Kernaussage

Die Auswahl von Mitarbeitern ist keine Routineaufgabe. Sie ist eine der wichtigsten unternehmerischen Entscheidungen.

Schlussgedanke

Ein gutes Bewerbergespräch erkennt nicht nur Qualifikation.

☞ Es erkennt:

- Persönlichkeit
- Haltung
- Passung

Heilmann-Kreis der wichtigsten Führungsinstrumente

Der Heilmann-Kreis fasst noch einmal die wichtigsten Führungsinstrumente in einer optischen Darstellung zusammen. Jede Führungskraft, die diese Führungsinstrumente anwendet erreicht automatisch Führungsautorität, Akzeptanz und Anerkennung. Die Anwendung ist unabhängig von der Hierarchiestufe und von generellen Regeln hierüber im Unternehmen.

Die komplette Anwendung dieser Führungsinstrumente ergibt einen logischen Zusammenhang, der für alle erkennbar wird.

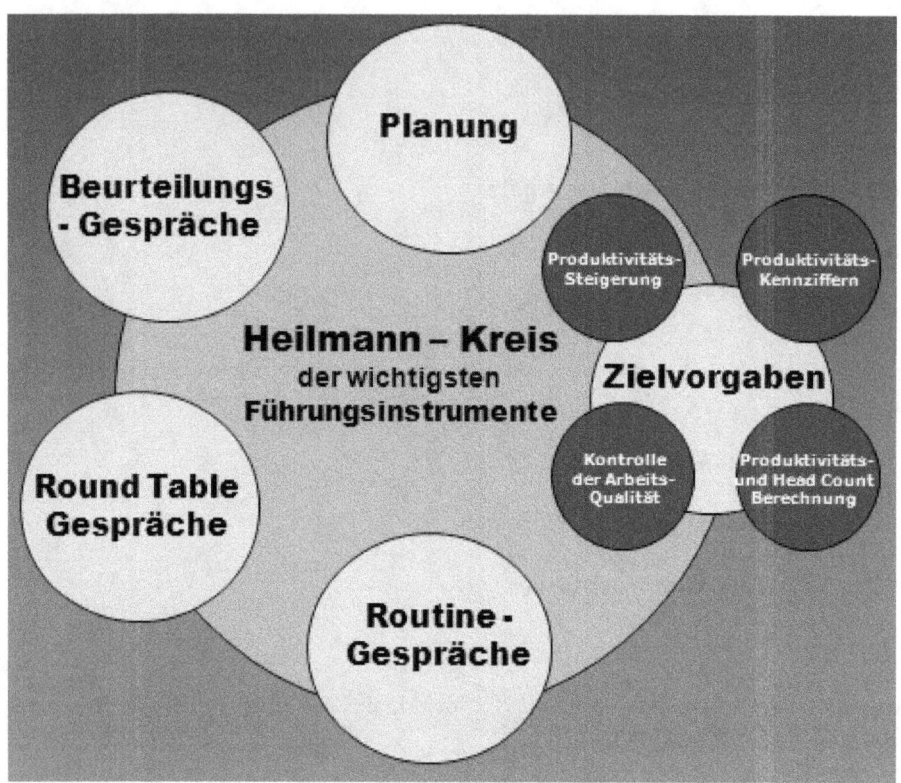

4. Das Top-Management

4.1 Krisenmanagement / Die schwierige Situation

Die Grundregel

Das Feuer sofort austreten, sobald es erkannt wird!

Die wichtigste Reaktion in jeder schwierigen Situation ist schnelles Handeln.

Die meisten Krisen wären vermeidbar gewesen, wenn rechtzeitig eingegriffen worden wäre. Das gilt im Management genauso wie im privaten Leben.

☞ **Frühes Eingreifen ist immer günstiger als spätes Reparieren.**

Selbst wenn dabei:

- überreagiert wird
- Kritik entsteht
- das eigene Ansehen kurzfristig leidet

☞ ist das immer noch besser, als die Kontrolle vollständig zu verlieren.

Wenn die Krise sichtbar wird

Sobald eine schwierige Situation für alle erkennbar ist:

- reden plötzlich alle mit
- jeder weiß es besser
- auch Unqualifizierte geben Ratschläge

Hinzu kommen:

- Opportunisten
- Konkurrenten
- „Geier", die die Situation ausnutzen wollen

☞ **Jetzt zählt nur eines: Ruhe bewahren.**

Verhalten der Führungskraft

- Kritik aushalten
- Angriffe ertragen
- fokussiert bleiben

Entscheidend ist die Haltung des Vorgesetzten.

☞ Unterstützung gibt es nur, solange er selbst nicht gefährdet ist.

Eine unbequeme, aber wichtige Regel

☞ **Verantwortung übernehmen – sichtbar und klar**

- keine Ausflüchte
- keine Schuldzuweisungen
- keine Relativierungen

Stattdessen:

- Schuldbewusstsein zeigen
- Handlungswillen demonstrieren
- Lösungen liefern

Die Realität einer Krise

- „Freunde" distanzieren sich
- Unterstützung wird weniger
- Druck steigt

☞ **Die größte Gefahr: Jobverlust**

Was jetzt nicht passieren darf

- Probleme verdrängen
- Maßnahmen verzögern
- Dinge „unter den Teppich kehren"

☞ **Das verschärft jede Krise.**

Richtige Reaktion

- offen mit dem Vorgesetzten sprechen
- frühzeitig Hilfe einholen
- konsequent handeln

Ein zentraler Grundsatz

Scheu vor drastischen Maßnahmen ist fehl am Platz.

☞ Maßnahmen werden nicht vermieden –
☞ sie werden nur teurer, wenn man sie aufschiebt.

Die Rückstandssituation

Eine der häufigsten Krisen im operativen Geschäft.

Das typische Muster

- kleine Rückstände entstehen
- werden ignoriert
- „regelt sich schon"

Dann passiert:

- Ausfälle von Mitarbeitern
- zusätzliche Belastung
- steigende Rückstände

☞ **Die Situation kippt plötzlich**

Die Folge

☞ **Die Lawine beginnt zu rollen**

Erfahrene Führungskräfte reagieren anders

Sie bekämpfen schon kleinste Rückstände konsequent.

Wenn die Krise bereits da ist

Jetzt gilt:

☞ **Keine Hektik – klare Führung!**

Mitarbeiter sind bereits:

- verunsichert
- gestresst
- überfordert

☞ Sie brauchen jetzt Sicherheit, nicht Chaos.

Schritt 1: Inventur

Vollständige Transparenz herstellen

- Rückstände erfassen
- sortieren
- quantifizieren

☞ notfalls pragmatisch (z. B. nach Stapelhöhe messen)

Ganz wichtig

Gefühl reicht nicht – Zahlen sind zwingend!

Und danach
☞ **Tägliche Fortschrittskontrolle**

Schritt 2: Bewertung

Zentrale Fragen:

- Wie viele Vorgänge pro Mitarbeiter und Tag?
- Wie viele Vorgänge insgesamt?
- Wie viele Manntage Rückstand?
- Reicht die aktuelle Kapazität aus?

- Wachsen die Rückstände weiter?
- Wie viele Überstunden sind möglich?
- Wie lange dauert der Abbau realistisch?

Ergebnis

☞ **Klare, tabellarische Übersicht**

Diese zeigt:

- Problemumfang
- Handlungsfähigkeit
- Führungsstärke

Wirkung

- Sicherheit für die Führungskraft
- Orientierung für Mitarbeiter
- Abwehr von Kritik

☞ **Und: Hoffnung für das Team**

Schritt 3: Maßnahmen

Außergewöhnliche Situationen erfordern außergewöhnliche Maßnahmen

Konkrete Maßnahmen

- Neuverteilung der Arbeit
- Überstunden und Wochenendarbeit
- Abstimmung mit Personal, Betriebsrat, IT
- Zerlegung komplexer Aufgaben in einfache Schritte
- Einsatz externer Kräfte
    - ehemalige Mitarbeiter
    - Zeitarbeit
    - interne Unterstützung
- Incentives (z. B. leistungsbezogene Vergütung)
- ggf. Urlaubssperre

Wichtiger Grundsatz
☞ **Leistung vor Gleichbehandlung**

- Starke leisten mehr
- Schwächere weniger

☞ Ausgleich über Vergütung schaffen

Schnelle Einarbeitung – die effektivste Methode

- Erklären, was zu tun ist

- Vormachen, wie es geht
- Mitarbeiter erklären lassen
- Beobachten und korrigieren
- Wiederholen bis zur Sicherheit

Rolle der Führungskraft

☞ **Präsenz ist Pflicht**

- während Überstunden
- an Wochenenden
- im operativen Geschehen

Warum?

- Kontrolle
- Motivation
- Glaubwürdigkeit

☞ **Abwesenheit zerstört Autorität**

Rolle des übergeordneten Managements

- Maßnahmen einfordern
- Umsetzung kontrollieren
- Transparenz sicherstellen

☞ z. B. durch regelmäßige Statusberichte

Nach der Krise

☞ Einführung von:

regelmäßigen Arbeitsstandsmeldungen

(z. B. wöchentlich)

Ein entscheidender Erfolgsfakto

Disziplin
Warnsignal

☞ **Der volle Schreibtisch**

Einem vollen Schreibtisch muss mit Misstrauen begegnet werden!

Warum?

- fehlende Struktur
- mangelnde Priorisierung

- unzureichende Kontrolle

☞ **Ein Chaos-Schreibtisch führt zu Chaos-Führung**

Kernaussage des Kapitels

Krisen entstehen selten plötzlich.

☞ Sie entstehen durch:

- Zögern
- Ignorieren
- mangelnde Konsequenz

Schlussgedanke

Führung zeigt sich nicht im Erfolg – sondern im Umgang mit der Krise.

Die Sanierung

Die Bewältigung von Rückständen ist oft nur eine kleine Vorstufe.

☞ **Sanierung bedeutet: Rettung eines Unternehmens in existenzieller Krise.**

Zwei Arten von Managern

In jeder Sanierungssituation stehen sich zwei Rollen gegenüber:

- **Derjenige, der die Krise verursacht hat**
- **Derjenige, der sie lösen soll**

☞ Beide Rollen sind unvereinbar.

Der Verursacher kann nicht der Sanierer sein.

Die Besetzung

- interner, erfahrener Manager
- oder externer Spezialist

Hier im Fokus: ☞ **der unternehmensinterne Sanierer**

Die zentrale Aufgabe

In kürzester Zeit den Turnaround schaffen!

Zeit ist der entscheidende Faktor.

- Tage zählen
- Wochen entscheiden
- Monate können zu spät sein

Auch wenn:

☞ manche Sanierungen Jahre dauern

gilt dennoch: ☞ **Sofortiges Handeln ist zwingend**

Das Dilemma

- keine Zeit für perfekte Analysen
- Entscheidungen unter Unsicherheit
- hohes Risiko

☞ Kritik ist unvermeidlich:

- Besserwisser
- Detailverliebte („Erbsenzähler")
- Betroffene Mitarbeiter

Eine unbequeme Wahrheit

Ein Sanierer gewinnt keine Freunde.

- Positionen werden gestrichen
- Strukturen verändert
- Gewohnheiten zerstört

☞ Widerstand ist garantiert.

Persönliches Risiko

Selbst bei Erfolg:

- viele Gegner
- beschädigte Beziehungen
- begrenzte Zukunft im Unternehmen

☞ Ein interner Sanierer zahlt oft einen hohen Preis.

Der entscheidende Grundsatz

Schnell handeln – aber vor allem: hart handeln!

☞ **Härte ist wichtiger als Geschwindigkeit**

Warum?

Die Realität ist fast immer: ☞ **schlimmer als sie aussieht**

In jeder Krise gibt es:

- versteckte Probleme
- unbekannte Risiken
- „Leichen im Keller"

Die richtige Haltung

Lieber zu hart als zu weich handeln

☞ Eine zu vorsichtige Sanierung führt zu:

- permanenten Anpassungen
- Vertrauensverlust
- endlosen Korrekturen

Der radikale, aber richtige Maßstab

Der Sanierer handelt richtig, wenn alle glauben, dass er überzieht.

☞ Genau daran scheitern viele:

- sie handeln richtig
- aber ohne Rückhalt
- ohne Akzeptanz

Was es braucht

☞ **Eine außergewöhnlich starke Persönlichkeit**

- unabhängig von Meinungen
- resistent gegen Druck
- konsequent in Entscheidungen

Was nicht funktioniert

- Kompromisslösungen
- halbherzige Maßnahmen
- Rücksichtnahme auf Widerstände

☞ **Weichheit ist in der Sanierung fehl am Platz**

Anforderungen an den Sanierer

- klare Zielvorstellung
- absolute Entschlossenheit
- umfassende Erfahrung

☞ **Keine Aufgabe für unerfahrene Führungskräfte**

Schlüsselkompetenz

Souveräne Anwendung bewährter Management-Techniken

Personelle Maßnahmen

☞ Unvermeidlich:

- Stellenabbau
- Umbesetzungen
- Trennungen

Der richtige Umgang

- sachlich erklären
- verständlich begründen
- konsequent umsetzen

☞ **Einfühlsam im Ton – hart in der Sache**

Die Mannschaft

Erfolg entsteht nur mit:

☞ **einem starken Kernteam**

- leistungsorientiert
- motiviert
- klar ausgerichtet

☞ Diese Mannschaft gibt:

- Orientierung
- Stabilität
- Zuversicht

Das Problem längerer Sanierungen

☞ Der Sanierer wird mit der Krise identifiziert

- schlechte Zahlen
- negative Entwicklung
- dauerhafte Rechtfertigung

Wichtiger Schutzmechanismus

☞ **Klar kommunizieren:**

- Situation übernommen
- nicht verursacht

Die Unternehmenskrise

Nicht jede Krise entsteht durch Inkompetenz.

☞ Häufige Ursachen:

- Unterschlagung
- Bestechlichkeit
- Insidervergehen

Die Dynamik

- Medien greifen das Thema auf
- Spekulationen entstehen
- interne Informationen gelangen nach außen

☞ Die größte Gefahr: **Vertrauensverlust in die gesamte Geschäftsleitung**

Die einzig richtige Strategie

Flucht nach vorn!

Konkrete Maßnahmen

- sofortige Suspendierung der Verdächtigen
- vollständige Aufklärung ankündigen
- maximale Transparenz herstellen

Umgang mit der Presse

☞ **Offenheit statt Abwehr**

- Fragen beantworten
- Informationen liefern
- aktiv kommunizieren

Ein kluger Schachzug

☞ Presse einbinden: „**Helfen Sie uns bei der Aufklärung.**"

Warum das funktioniert

- reduziert Spekulationen
- nimmt Druck aus der Berichterstattung

- signalisiert Stärke

☞ **Geheimhaltung erzeugt Misstrauen - Offenheit schafft Glaubwürdigkeit**

Kernaussage des Kapitels

Sanierung ist keine Managementaufgabe wie jede andere.

☞ Sie ist:

- radikal
- unbequem
- persönlich riskant

Schlussgedanke

Ein Unternehmen kann nur gerettet werden, wenn jemand bereit ist, unpopuläre Entscheidungen zu treffen – schnell, konsequent und ohne Rücksicht auf Bequemlichkeit.

Die Rationalisierung

Rationalisierung wird häufig missverstanden.

☞ Sie ist **kein reines Sparprogramm**, sondern ein Instrument zur **Ergebnisverbesserung**.

Ein typischer Fehler

Viele – insbesondere schwächere – Geschäftsleitungen:

- konzentrieren sich ausschließlich auf **Kosten**
- verlieren den Blick für **Chancen**

Die Folge

- Die besten Mitarbeiter lösen interne Probleme
- statt neue Möglichkeiten zu erschließen

☞ **Energie wird falsch eingesetzt**

Das zentrale Problem

Die Dinge werden richtig gemacht, aber es werden nicht die richtigen Dinge gemacht!

Die falsche Effizienz

Es bringt nichts,

☞ Aufgaben perfekt zu erledigen,
☞ die gar nicht notwendig sind.

Das Prinzip der Hebelwirkung

In vielen Bereichen gilt: ☞ **20 % der Faktoren bestimmen 80 % des Ergebnisses**

Konsequenz

Bevor Effizienz gesteigert wird, muss geklärt werden:

☞ **Wo liegt die größte Wirkung?**

Beispiel Vertrieb

- 20 % der Verkäufer
- bringen 80 % des Umsatzes

☞ Hier liegt der Hebel – nicht im Detail.

Die unterschätzte Nebenwirkung

Falsch verstandene Rationalisierung führt zu:

☞ **Frustration**

Typische Auslöser

- kleinliche Reisekostenregelungen
- restriktive Dienstwagenordnungen
- schlechte Rahmenbedingungen (z. B. Kantine)

Das Ergebnis

- minimale Einsparung
- maximale Demotivation

Ein klassisches Beispiel

☞ Einsparung bei Hotelkosten

Folge:

- Mitarbeiter fahren nachts zurück
- starten am nächsten Tag neu

☞ **Mehrkosten statt Einsparung**

Wo die echten Hebel liegen

☞ **Nicht bei Sachkosten – sondern bei Personalkosten**

Entscheidend ist:

- Effizienz der Arbeitsprozesse
- Produktivität der Mitarbeiter
- Vermeidung unnötiger Tätigkeiten

☞ Überflüssige Stellen oder unproduktive Arbeit müssen konsequent beseitigt werden.

Der Denkfehler

Rationalisierung = Kostensenkung

☞ Falsch!

Richtig ist:

☞ **Rationalisierung = Verbesserung des Kostensatzes**

Relative statt absolute Kosten

Ein Unternehmen kann: **mehr Kosten haben**

- und trotzdem **profitabler sein**

Wie das funktioniert

☞ durch überproportionale Ergebnissteigerung

Beispiele

- Investitionen in Technik
- effizientere Prozesse
- leistungsabhängige Vergütungssysteme

☞ **Mehr Aufwand – aber deutlich mehr Ertrag**

Die richtige Zielrichtung

Kosten müssen dort gesenkt werden:

☞ **wo kein Bezug zur Ergebnissteigerung besteht**

Gefahr ohne Kontrolle

- wachsende Verwaltung
- unnötige Prozesse
- versteckte Ineffizienzen

☞ Diese Kosten entwickeln sich schleichend – ☞ und werden oft zu spät erkannt.

Der optimale Ansatz

☞ **Kombination aus:**

- gezielter Kostensenkung
- sinnvollen Investitionen

Warum?

Dieser Mix erzeugt:

- höhere Produktivität
- bessere Motivation
- nachhaltige Ergebnisse

Die Realität in Krisen

Wenn ein Unternehmen stark angeschlagen ist:

☞ bleibt oft nur: **reine Kostensenkung**

Aber:

☞ Das ist **keine Strategie**,
☞ sondern **eine Notmaßnahme**.

Kernaussage des Kapitels

Rationalisierung ist kein Sparzwang.

☞ Sie ist die Kunst,

die richtigen Dinge zu tun – und sie dann richtig zu tun.

Schlussgedanke
Nicht die perfekte Ausführung entscheidet über den Erfolg, sondern die Auswahl der richtigen Hebel.

Die neue Position

Wer eine neue Position antritt, verlässt eine alte.

☞ **Beides will klug gestaltet sein.**

Der Abschied

Nach der Bekanntgabe eines Wechsels verändert sich das Umfeld sofort:

- Kollegen orientieren sich neu
- Mitarbeiter richten sich auf den Nachfolger aus
- Loyalitäten verschieben sich

☞ **Der bisherige Stelleninhaber verliert an Einfluss.**

Eine nüchterne Realität

Selbst enge Vertraute: ☞ wenden sich oft schneller ab, als man erwartet.

Die Konsequenz

Die Veränderung so spät wie möglich bekannt machen!

Natürlich:

- Vorgesetzte müssen frühzeitig informiert werden
- das Unternehmen braucht Planungssicherheit

☞ **Lösung: Gentleman-Agreement über Vertraulichkeit**

Wenn Informationen durchsickern

☞ sofort handeln:

- Mitarbeiter selbst informieren
- Klarheit schaffen

☞ sonst entsteht:

Vertrauensverlust

Der Aufstieg im eigenen Bereich

Eine der schwierigsten Konstellationen:

☞ Führung von ehemaligen Kollegen

Das zentrale Problem

Vertraulichkeit ist ein Gegner der Akzeptanz!

☞ Was früher Nähe war, wird jetzt zum Hindernis.

Empfohlene Maßnahme

☞ **vorübergehender Wechsel in einen anderen Bereich**

- schafft Abstand
- bringt neue Perspektiven
- erleichtert die spätere Rückkehr

Neue Priorität

☞ **Autorität vor Beliebtheit**

Die Chance der neuen Position

Mit der Neubesetzung:

☞ **werden die Karten neu gemischt**

Ein entscheidender Gedanke

Der Geschickte nutzt diese Situation für sich.

Die richtige Haltung

Nicht fragen:

☞ „Was darf ich?"

Sondern:

☞ **„Was kann ich durchsetzen?"**

Vorgehensweise

- aktiv handeln
- Reaktionen beobachten
- bei Widerstand sensibel nachjustieren

☞ **Mut zahlt sich meist aus**

Der erste Schritt

Inventur des Verantwortungsbereichs

Ziel

- Probleme offenlegen
- Schwächen identifizieren
- Handlungsbedarf klären

Besonders kritisch

☞ **Finanzielle Positionen**

- Rückstellungen
- Abschreibungen
- Aktivposten

Warum?

Diese Bereiche bieten Spielraum für:

☞ **Bilanzkosmetik**

Die kluge Strategie

- Risiken sichtbar machen
- Reserven konservativ bewerten

☞ Vorteile:

1. realistischere Ausgangsbasis
2. Vergleich zum Vorgänger fällt günstiger aus
3. finanzielles „Polster" für die Zukunft

Wichtige Einschränkung

Wenn der Vorgesetzte der Vorgänger ist:

☞ **Diskret vorgehen – ohne öffentliche Korrektur**

Personelle Maßnahmen

☞ mit Bedacht – aber konsequent

Ein häufiger Irrtum

Viele Mitarbeiter glauben:

☞ **„Mit dem Neuen wird alles besser"**

Die Realität:

☞ Erwartungen werden oft enttäuscht

Warum?

- neue Maßstäbe
- höhere Anforderungen
- andere Prioritäten

Umgang mit Mitarbeitern

1. Die Einschmeichler

- suchen Nähe
- bieten Loyalität

☞ **aber: nicht verlässlich**

2. Die Starken

- kritisch
- unabhängig
- oft zunächst distanziert

☞ **aber: entscheidend für den Erfolg**

Strategie

☞ **Die Guten gewinnen – nicht die Bequemen**

Wie?

- Bedürfnisse erkennen
- gezielt fördern
- Verantwortung übertragen

☞ Ergebnis: **nachhaltige Leistungsträger**

Ein wichtiger Grundsatz

Die Schwächeren stehen zuerst auf der Seite des Neuen.

☞ Das ist kein Qualitätsmerkmal.

Gefährliche Dynamik

Mitarbeiter mit:

- alten Konflikten
- persönlicher Agenda

☞ schließen sich schnell an

Risiko

☞ zu viel Einfluss – zu schnell

Strukturelle Veränderungen

Wenn notwendig:

☞ **konsequent umsetzen**

Ziel

- alte Machtstrukturen aufbrechen
- neue Ordnung schaffen
- Orientierung erzwingen

Wirkung

- Mitarbeiter müssen sich neu positionieren
- Abhängigkeit von der neuen Führung steigt

Der richtige Zeitpunkt

☞ **Nicht zu früh – nicht zu spät**

- keine Schnellschüsse (erste 3 Wochen)
- aber klare Entscheidungen (innerhalb von 3 Monaten)

Die entscheidende Phase

Dann gilt:

☞ **Konsequenz ohne Zögern**

Ein harter, aber wahrer Grundsatz

Notwendige „Grausamkeiten" zu Beginn.

☞ Warum?

- frühe Maßnahmen werden schneller akzeptiert
- spätere Eingriffe wirken belastender
- Unsicherheit wird verkürzt

Dasselbe gilt für Positives
☞ **Wohltaten früh setzen**

Kernaussage des Kapitels

Eine neue Position ist:

☞ **eine seltene strategische Chance**

Wer sie nutzt:

- schafft Freiräume
- prägt Strukturen
- setzt Maßstäbe

Schlussgedanke

Die ersten Monate entscheiden, ob eine Führungskraft die Position gestaltet – oder von ihr gestaltet wird.

Persönliche Angriffe

Persönliche Angriffe gehören zum Alltag jeder Führungskraft.

☞ **Wer führt, wird angegriffen.**

Die Quellen von Angriffen

Angriffe können kommen von:

- Mitarbeitern
- Kollegen
- Vorgesetzten
- Geschäftspartnern

Die Motive

Die Gründe sind vielfältig:

- persönliche Abneigung
- Machtinteressen
- Karrierehemmnisse
- Durchsetzung eigener Ziele

☞ **Je unfairer der Angriff, desto schwieriger die Situation.**

Der richtige erste Schritt

Nicht jede Situation muss sofort eskalieren.

☞ **Manchmal ist der klügere Weg:**

- Gespräch unterbrechen
- Abstand gewinnen
- später neu ansetzen

Wann abbrechen?

Wenn:

- die Diskussion unsachlich wird
- Emotionen dominieren
- keine Klärung mehr möglich ist

☞ **Ein Abbruch ist kein Zeichen von Schwäche – sondern von Kontrolle.**

Wenn Reaktion notwendig ist

Bleibt ein Rückzug nicht möglich:

☞ **muss die Führungskraft handeln**

Ein entscheidender Grundsatz

Rechtfertigung wirkt fast immer wie Schwäche.

☞ Warum?

- sie signalisiert Defensive
- sie bestätigt indirekt den Angriff
- sie verschiebt die Deutungshoheit

Die Alternative: Souveräne Gegenwehr

Nicht aggressiv – aber klar.

1. Forderung nach Fakten

Wenn sich der Angreifer auf Dritte beruft:

- Quelle hinterfragen
- Belege verlangen
- Konkretisierung einfordern

☞ Wirkung:

- entzieht dem Angriff die Basis
- bringt den Gegner in Erklärungsnot

2. Vorbereitung sichtbar machen

Kann der Gegner nichts liefern:

☞ ruhig feststellen:

- mangelnde Substanz
- unzureichende Vorbereitung

☞ **Sachlich – nicht verletzend.**

Die Rolle des Umfelds

Eine komfortable Situation entsteht, wenn:

☞ **Unterstützer im Raum sind**

- sie greifen Argumente auf
- wirken „neutral"
- entlasten die Führungskraft

☞ Deshalb gilt:

Netzwerke sind Schutzmechanismen.

Humor und Leichtigkeit als Waffe

Eine der elegantesten Formen der Abwehr:

☞ **dosierter Humor**

Beispielhafte Technik

- mehrmals nachfragen
- mehrmals wiederholen lassen
- scheinbar „nicht verstehen"

☞ Wirkung:

- entschärft die Situation
- entlarvt Übertreibungen
- nimmt dem Angriff die Schärfe

Aber Vorsicht

Zu stark eingesetzt:

☞ wirkt es arrogant oder herablassend

Fachliche Überlegenheit

Eine besonders wirkungsvolle Strategie:

☞ **Tiefe Sachkenntnis**

Wenn der Angreifer:

- nicht folgen kann
- keine Antworten hat

☞ wird sichtbar:

mangelnde Kompetenz

☞ **Ohne persönliche Angriffe – allein durch Fakten.**

Umgang mit Spott und Provokation

Wird die Führungskraft persönlich angegangen:

☞ **nicht mit gleicher Münze zurückzahlen**

Die bessere Reaktion

- ruhig bleiben
- leicht ironisch reagieren
- Stärke zeigen

☞ Signal:

Ich stehe über der Situation.

Aggressive Fragen aus Gruppen

Besonders heikel:

☞ Angriffe aus dem Publikum

Empfohlene Haltung

- ruhig bleiben
- sachlich antworten
- keine Eskalation

☞ **Die Bühne gehört immer der Führungskraft.**

Wann eingreifen?

Nur wenn:

- Störungen dauerhaft sind
- der Ablauf gefährdet wird

☞ dann:

klar, aber kontrolliert Grenzen setzen

Die Kunst des Ignorierens

Nicht jeder Angriff verdient eine Antwort.

☞ Manchmal ist die stärkste Reaktion:

keine Reaktion

Warum?

- entzieht Aufmerksamkeit
- vermeidet Aufwertung des Angreifers
- signalisiert Souveränität

Kernaussage des Kapitels

Persönliche Angriffe sind:

☞ **kein Ausnahmefall – sondern Bestandteil von Führung**

Erfolgreiche Führungskräfte

- bleiben ruhig
- reagieren überlegt
- verteidigen sich sachlich
- verlieren nie die Kontrolle

Schlussgedanke

Nicht der Angriff entscheidet – sondern die Reaktion darauf.

4.2 Führungsverhalten gegenüber ...

Kollegen

Ein gutes Verhältnis zu gleichrangigen Kollegen ist in vielen Situationen hilfreich.

Nicht unbedingt, weil man auf ihre Unterstützung zählen kann – sondern eher, weil sie einem **keine Steine in den Weg legen.**

☞ **Realismus gehört dazu:**

- Intrigen sind nie auszuschließen
- Interessenlagen ändern sich schnell
- Loyalität ist oft situationsabhängig

Die richtige Distanz

Ein kollegiales Verhältnis ist wichtig – eine zu große Nähe kann jedoch problematisch werden.

☞ **Grundsatz:**

Freundlich, aber mit Abstand.

Warum?

- Nähe schützt nicht vor Konkurrenz
- Freundschaft verhindert keine unfairen Handlungen
- Enttäuschungen werden größer

Duzen oder Siezen?

Eine Stilfrage – aber mit Konsequenzen.

☞ Problematisch wird es, wenn:

- im Konflikt plötzlich wieder gesiezt wird

☞ Empfehlung:

- klare Linie von Anfang an
- kein „situatives Umschalten"

Verhältnisse sind nie statisch

Beziehungen zu Kollegen verändern sich:

- Machtverhältnisse verschieben sich
- Interessenlagen ändern sich
- Gegner werden Verbündete – und umgekehrt

☞ **Deshalb gilt:**

Vergangenheit nicht unnötig mitschleppen.

Was gestern war, darf morgen keine Rolle mehr spielen, wenn es heute nicht mehr relevant ist.

Vorsicht bei Äußerungen über Dritte

Ein klassischer Fehler:

☞ unbedachte Kommentare über Abwesende

Warum gefährlich?

- Informationen werden weitergetragen
- oft verfälscht oder zugespitzt
- mit Namensnennung

☞ Folge:

- Vertrauensverlust
- unerklärliche Spannungen
- beschädigte Beziehungen

Grundregel:

☞ **Sage nichts über jemanden, was du ihm nicht auch direkt sagen würdest.**

Der heikle Punkt: Ratschläge

Kollegen reagieren empfindlich auf ungefragte Hinweise.

☞ **Warum?**

- wirken belehrend
- stellen Kompetenz infrage
- greifen ungewollt an

☞ Der treffende Satz:

„Auch Ratschläge sind Schläge."

Wie reagieren, wenn man selbst betroffen ist?

Zwei elegante Möglichkeiten:

1. Rückfrage

„Können Sie sich vorstellen, dass ich darüber bereits nachgedacht habe?"

2. Deeskalation

- bedanken
- Zustimmung signalisieren
- eigene Überlegung betonen

☞ Wirkung:

- respektvoll
- klar
- ohne Eskalation

Sekretärin / Assistenz

Die engste Zusammenarbeit im Führungsalltag.

☞ **Kaum eine Position ist so entscheidend für die Effizienz einer Führungskraft.**

Grundvoraussetzungen

- Vertrauen
- Verschwiegenheit
- Verlässlichkeit
- Verständnis für Zusammenhänge

☞ Ohne diese Basis:

kein reibungsloser Arbeitsablauf

Ein kritischer Punkt

☞ Indiskretion

Eine „Quasselstrippe" ist auf dieser Position nicht tragbar.

☞ Konsequenz:

Wenn die Voraussetzungen nicht stimmen:

Trennung – ohne Zögern.

Rolle der Assistenz

Eine gute Assistenz ist:

- keine reine Schreibkraft
- sondern Mitdenkerin
- Organisatorin
- Vorausdenkerin

☞ **Im Idealfall:**

eine zweite Management-Ebene im Hintergrund

Beispiel

Bei einer Reiseorganisation:

- nicht nur Flug buchen
- sondern gesamte Kette durchdenken

☞ Ergebnis:

Der Chef steht nie „irgendwo" ohne Anschluss.

Gefahr: Überdehnung der Rolle

Manche Assistenzen:

- identifizieren sich stark
- übernehmen Autorität
- filtern Zugänge

☞ Risiko:

- Mitarbeiter werden blockiert
- Kommunikation verzerrt sich
- Frustration entsteht

☞ **Hier ist Führung gefragt.**

Wichtiger Grundsatz

Die Assistenz darf unterstützen – aber nicht steuern.

Umgang mit Mitarbeitern

Eine gute Assistenz:

- ist freundlich
- ist zugänglich
- bleibt professionell

☞ Sie schafft:

Vertrauen statt Barrieren

Auftreten und Wirkung

Auch äußeres Erscheinungsbild spielt eine Rolle.

☞ Grundprinzip:

- gepflegt
- angemessen
- unaufdringlich

☞ Ziel:

Seriosität – nicht Aufmerksamkeit.

Realität: Die perfekte Assistenz gibt es selten

Wie so oft:

☞ **Kompromisse sind notwendig**

Die entscheidende Frage:

☞ **Welche Schwächen sind akzeptabel – und welche nicht?**

Fehler der Führungskraft

Auch Führungskräfte machen typische Fehler.

Ein Klassiker

☞ Büro verlassen ohne Information

Folge:

- wichtige Anrufe
- niemand weiß, wo der Chef ist
- hektische Suchaktionen

☞ Wirkung:

- ineffizient
- unangenehm
- vermeidbar

Einfache Lösung

Kurze Information:

- Ziel
- Erreichbarkeit

☞ Ergebnis:

Ruhe, Struktur und Professionalität

Kernaussage des Kapitels:

Im Umgang mit Kollegen

- freundlich, aber distanziert
- vorsichtig mit Worten
- zurückhaltend mit Ratschlägen

Im Umgang mit der Assistenz

- Vertrauen ist zentral
- klare Rollen sind notwendig
- Professionalität entscheidet

Schlussgedanke

Gute Zusammenarbeit entsteht nicht durch Nähe, sondern durch Klarheit, Respekt und Disziplin.

Die Organisation von Veranstaltungen

Die Organisation wichtiger Veranstaltungen ist Teamarbeit.

☞ **Chef und Assistenz müssen eng zusammenarbeiten.**

Der entscheidende Erfolgsfaktor

Auch die erfahrenste Assistenz kann nicht alles antizipieren.

☞ Deshalb gilt: **Den gesamten Ablauf gemeinsam von Anfang bis Ende durchdenken – und schriftlich festhalten.**

Was alles bedacht werden muss

Eine professionelle Organisation umfasst:

- Einladung mit Tagesordnung
- Teilnehmerliste
- Anfahrtsbeschreibung und Parkhinweise
- Information des Empfangs / Portiers
- Garderobe
- Sitzordnung
- Ausstattung des Tagungsraums
- Lage der Toiletten
- Unterlagen und Verpflegung
- Hotel- und Reiseorganisation

☞ **Jedes Detail zählt.**

Typische Fehler

Wenn der Ablauf nicht abgestimmt ist:

- Kleinigkeiten fehlen
- Erwartungen werden nicht erfüllt
- unnötiger Ärger entsteht

☞ Beispiele:

- falsche Sitzordnung
- fehlende Verpflegung
- unklare Zuständigkeiten

Der letzte Kontrollblick

Ein einfacher, aber entscheidender Schritt:

☞ **kurz vor Beginn den Raum persönlich überprüfen**

☞ Wirkung:

- kleine Fehler werden sofort korrigiert
- große Irritationen werden vermieden

Ehefrau / Partner

Im Gegensatz zu Mitarbeitern ist der Partner indirekt Teil des Systems.

☞ **Gerade bei höheren Positionen spielt er eine nicht zu unterschätzende Rolle.**

Bedeutung für das Unternehmen

- Repräsentation bei Veranstaltungen
- Wirkung nach außen
- Einfluss auf das persönliche Umfeld

☞ Deshalb:

Je mehr öffentliche Auftritte erwartet werden, desto wichtiger ist die Einbindung des Partners.

Chance und Risiko

Ein Partner kann:

✓ unterstützen
✓ stabilisieren
✓ positiv wirken

Oder:

❗ unangemessen auftreten
❗ Grenzen überschreiten
❗ Situationen verschärfen

☞ Besonders kritisch:

Wenn der Partner sich wie ein Entscheidungsträger verhält.

Der richtige Umgang

Die Balance ist entscheidend:

- Einbindung ja
- Einfluss begrenzen
- Rollen klar halten

Konverstaion des Partners

Zwei Extreme:

- völliges Schweigen
- vollständige Offenlegung

☞ Sinnvoll ist: **ein ausgewogenes Maß**

Vorteile

- neutraler Blick von außen
- neue Perspektiven

Risiken

- zusätzlicher Druck
- überzogene Erwartungen
- emotionale Verstärkung von Problemen

Ein grundlegender Konflikt

☞ Häufige Fehlforderungen des Partners:

- hohe Karriere und viel Einkommen
- gleichzeitig viel Familienzeit

☞ Realität:

Beides in vollem Umfang ist kaum vereinbar.

Konsequenz

Ein verständnisvoller Partner ist entscheidend.

☞ **Ohne diese Basis entstehen langfristig Konflikte.**

Fahrer

Der Fahrer übernimmt eine zentrale Rolle:

☞ **Verantwortung für Sicherheit und reibungslose Abläufe unterwegs**

Wesentliche Anforderungen

- sicheres Fahrkönnen
- schnelle Reaktionsfähigkeit
- Ortskenntnis
- körperliche Fitness
- Zuverlässigkeit und Pünktlichkeit
- gepflegtes Auftreten

Klare Erwartungen von Anfang an

Zu Beginn müssen grundlegende Fragen geklärt werden:

- Sitzposition des Chefs
- Fahrstil (defensiv oder zügig)
- Umgang mit Zeitdruck
- Verhalten bei Verkehrsregeln

☞ **Frühe Klarheit verhindert spätere Konflikte.**

Grundsatz

Wehret den Anfängen.

Sicherheit hat absolute Priorität

Nicht akzeptabel:

- Müdigkeit am Steuer
- Ablenkung durch Telefon
- Alkohol vor Fahrten

☞ **Null-Toleranz bei Sicherheitsrisiken**

Vorbereitung der Fahrt

Der Fahrer sorgt für:

- vorbereitete Route
- eingestelltes Navigationssystem
- Alternativen bei Problemen

☞ **Keine Improvisation während der Fahrt**

Auftreten und Verhalten

Ein professioneller Fahrer:

- ist ruhig
- strahlt Sicherheit aus
- vermeidet jede Unruhe

☞ Ziel:

Der Chef fühlt sich so sicher, dass er entspannen kann.

Serviceverständnis

Dazu gehört:

- Tür öffnen
- Gepäckhandling
- Unterstützung beim Ein- und Aussteigen

☞ Priorität:

1. Gäste
2. Damen
3. danach der Chef

Diskretion

Ein absolut zentraler Punkt.

☞ Der Fahrer erfährt zwangsläufig:

- interne Informationen
- persönliche Details

☞ **Diese dürfen niemals nach außen dringen.**

Grenzen der Nutzung

Der Fahrer ist kein Privatdienstleister.

☞ Problematisch:

- private Daueraufträge

- fachfremde Tätigkeiten
- familiäre Besorgungen

☞ **Das untergräbt Professionalität und Respekt.**
Organisation und Wirtschaftlichkeit

Nicht jedes Unternehmen braucht feste Fahrer.

Alternative Modelle

- Fahrerpool
- externe Mietfahrer

☞ Vorteil:

- flexibel
- kosteneffizient
- bedarfsgerecht

Typische Fehlerquelle

Ein Klassiker:

☞ falsche Zimmerzuweisung im Hotel

Es kam schon vor, dass:

- der Chef im Fahrerzimmer übernachtete
- der Fahrer im Luxuszimmer

☞ Fazit:

Organisation ist Detailarbeit.

Kernaussage des Kapitels

Veranstaltungen

- Planung bis ins Detail
- gemeinsame Abstimmung
- Kontrolle vor Beginn

Partner

- Einfluss erkennen
- Rolle klar halten
- Balance finden

Fahrer

- Sicherheit vor allem
- klare Regeln
- professionelle Distanz

Schlussgedanke
Organisation zeigt sich nicht im Großen – sondern in der Perfektion der Details.

4.3 Organisationsthemen

Lean Management

Lean Management oder flache Hierarchien gelten heute vielen als Inbegriff moderner Unternehmensführung. Doch nicht alles, was modern klingt, ist auch sinnvoll.

Eine pyramidale Führungsstruktur ist zunächst einmal logisch. Sie hat sich über lange Zeit bewährt und ist keineswegs deshalb schlecht, weil sie alt ist. Problematisch wird sie erst dann, wenn ein Unternehmen zu viele Hierarchiestufen und zu kleine Führungsspannen aufgebaut hat. In solchen Fällen ist eine Verschlankung sinnvoll. Aber daraus folgt noch lange nicht, dass flache Hierarchien grundsätzlich überlegen wären.

Viele Befürworter neuer Organisationsmodelle übersehen, dass sie nicht nur neue Strukturen propagieren, sondern oft zugleich die klassische Führungsrolle entwerten. Dahinter steht nicht selten der Wunsch, sich mit einer scheinbar revolutionären Theorie zu profilieren und das Bewährte vorschnell für überholt zu erklären.

Als Argumente für Lean Management werden üblicherweise angeführt:

- Entscheidungen sollen dort getroffen werden, wo die Arbeit geleistet wird.
- Mitarbeiter sollen mehr Verantwortung übernehmen.
- Teamarbeit soll gemeinsame Verantwortung erzeugen.
- Führungsrollen sollen wechseln.
- Mitarbeiter sollen Spezialisten und Generalisten zugleich sein.
- Konsensbildung soll zu besseren Ergebnissen führen.

Auf den ersten Blick klingt das attraktiv. Bei näherer Betrachtung zeigt sich jedoch ein zentraler Denkfehler: Es wird ignoriert, dass eine qualifizierte Führungskraft gerade deshalb Führungskraft ist, weil sie in der Regel bessere Entscheidungen treffen kann als ihre Mitarbeiter.

Eine Vielzahl von Unqualifikation ergibt noch lange keine Qualifikation.

Konsensbildung führt nur selten zu Spitzenleistungen. Meistens entstehen Kompromisse, die niemanden wirklich überzeugen und die das eigentlich beste Ergebnis verwässern. Teamverantwortung und Teamentscheidungen mögen harmonisch wirken, sie verhindern aber häufig, dass sich die stärkste und beste Lösung durchsetzt.

Dazu kommt eine weitere Schwäche des Systems: In jedem Team gibt es Starke und Schwache. Auf Dauer setzen sich die Starken durch. Sie übernehmen faktisch Führung, auch wenn das System offiziell keine klare Hierarchie vorsieht. Früher oder später stellt sich dann für diese starken Kräfte die Frage, warum sie bei gleicher Behandlung und gleicher Position dauerhaft mehr leisten sollen als andere.

Genau hier beginnt das Dilemma. Der starke Mitarbeiter will Anerkennung, Verantwortung und eine seiner Leistung entsprechende Stellung. Lean Management kann ihm das in seiner reinen Form nicht bieten. Was folgt, sind faule Kompromisse: vielleicht ein höheres Gehalt, aber keine sichtbare Position. Auf Dauer genügt das selten. Leistungsstarke Menschen streben nicht nur nach Geld, sondern auch nach offener Anerkennung und Führungsverantwortung. Können sie diese im Unternehmen nicht erhalten, werden sie das Unternehmen verlassen.

Gleichbehandlung wollen immer nur die Schwächeren.

Deshalb birgt Lean Management die Gefahr einer stillen Antiselektion. Die Schwächeren bleiben und fühlen sich wohl. Die Stärkeren werden unzufrieden und gehen. Wer seine Organisation an den Bedürfnissen der Schwächeren ausrichtet, darf sich über Mittelmaß nicht wundern.

Führungsspanne

Eine vernünftige Führungsspanne ist sorgfältig zu wählen, denn jede Führungskraft kann nur eine begrenzte Zahl von Mitarbeitern wirklich führen. Wird die Führungsspanne zu groß, leidet zwangsläufig die Koordination. Wird sie zu klein, entstehen unnötige Hierarchiestufen und damit Bürokratie.

Eine allgemeingültige Idealzahl gibt es nicht. Die Umstände sind entscheidend: Art der Tätigkeit, Qualifikation der Mitarbeiter, Homogenität der Aufgaben und Größe des Bereichs. Dennoch kann als grobe Orientierung gelten:

Eine Führungsspanne von zehn Mitarbeitern ist in vielen Fällen günstig.

Je nach Situation kann eine sinnvolle Spanne aber auch zwischen fünf und fünfzehn Mitarbeitern liegen. Sehr kleine Führungsspannen ergeben nur dort Sinn, wo hoch spezialisierte Gruppen arbeiten, deren Zuordnung zu einem größeren Bereich künstlich wäre.

Mit wachsender Unternehmensgröße wächst das Problem der Führungsstruktur. Je mehr Hierarchieebenen eingezogen werden, desto größer wird die Gefahr, dass Informationen zu langsam, zu ungenau oder nur noch interessengefärbt weitergegeben werden. Gleichzeitig kommen Entscheidungen immer weiter weg von den Stellen zustande, die ihre Folgen tatsächlich tragen müssen.

Genau darin liegt ein Hauptproblem großer Organisationen. Viele Funktionen werden zentralisiert, weil dies unter Kostenaspekten vernünftig erscheint. Die Kehrseite: Entscheidungsbefugnisse verlagern sich dorthin, wo keine unmittelbare Ergebnisverantwortung besteht. Das macht Unternehmen träge und schwächt ihre Schlagkraft.

Eine mögliche Antwort darauf ist nicht Lean Management, sondern eine andere, viel wirksamere Strukturmaßnahme: die Aufgliederung großer Einheiten in kleinere, eigenverantwortliche Bereiche.

Wenn große Unternehmenseinheiten verselbständigt werden, entstehen Profitcenter mit kürzeren Berichtswegen, größerer Beweglichkeit und klarer Verantwortung. Zwar nimmt die Administration insgesamt häufig leicht zu, innerhalb der einzelnen Einheiten aber sinkt sie deutlich. Vor allem aber werden Entscheidungen wieder dort getroffen, wo ihre Auswirkungen getragen werden.

Die Entscheidungen rücken wieder näher an die Verantwortung.

In den USA wurde dieses Prinzip schon früh unter dem Begriff der Divisionalisierung erkannt und erfolgreich praktiziert. In Europa wird es noch immer zu selten genutzt.

Allroundsachbearbeitung

Auch die Allroundsachbearbeitung ist eines jener Schlagworte, die schnell modern wirken und deshalb oft unkritisch übernommen werden. Dabei ist sie weder grundsätzlich gut noch grundsätzlich schlecht. Entscheidend ist allein, wo und wie sie eingesetzt wird.

Unsichere Führungskräfte neigen dazu, neue Konzepte vorschnell zu übernehmen, nur um nicht altmodisch zu erscheinen. Eine starke Führungskraft geht anders vor: Sie prüft Altes wie Neues nüchtern und entscheidet dann souverän, was sinnvoll ist und was nicht.

Hierzu passt das Wort von Roman Herzog:

„Manchmal muss man nur den Mut haben, am richtig Erkannten so lange festzuhalten, bis man wieder modern ist."

Für die Praxis gilt im Grundsatz:

Je größer die Nähe eines Mitarbeiters zum Kunden, desto mehr braucht er Allroundwissen. Je weiter seine Entfernung vom Kunden, desto mehr braucht er Spezialwissen.

Ein Verkäufer muss auf viele Fragen des Kunden Antworten geben können und braucht deshalb ein breites Wissen. Ein Spezialist im Hintergrund dagegen muss in seinem Fachgebiet tiefste Kenntnisse besitzen, um Spitzenleistungen zu erbringen.

Die Allroundbearbeitung will den Spezialisten zum Generalisten machen. Genau darin liegt oft ihr Fehler. Der hoch qualifizierte Spezialist gibt sein tiefes Wissen zugunsten eines breiten, aber oberflächlichen Überblicks auf – und liefert am Ende keine Spitzenleistung mehr, sondern nur noch solide Durchschnittsarbeit.

Der einzige wirkliche Vorteil liegt in einer breiteren Einsetzbarkeit und in einfacheren Vertretungsregelungen. Doch dieser Vorteil ist meist nur unter dem Blickwinkel kurzfristiger Kostenvorteile attraktiv. Langfristig kann er Exzellenz und Wettbewerbsstärke schwächen.

Zu viele Umstrukturierungen, die allein auf Kostensenkung abzielen, führen fast zwangsläufig zu einer Absenkung der Leistungsqualität. Das Unternehmen erreicht dann nur noch Durchschnittsergebnisse – und die reichen im harten Wettbewerb nicht.

Das Raster-Organigramm

Die klassische und bewährte Organisationsform ist die pyramidale Struktur mit einer klaren vertikalen Verantwortungsverteilung. Jede Führungskraft trägt die Verantwortung für einen eindeutig abgegrenzten Bereich.

Diese vertikale Ordnung stößt dort an Grenzen, wo bereichsübergreifende Projekte oder permanente Querschnittsaufgaben zu bewältigen sind. Dann reicht die reine Linienorganisation nicht mehr aus. In solchen Fällen ist eine horizontale Verantwortungszuweisung sinnvoll.

Das bedeutet: Ein Mitarbeiter oder eine Führungskraft übernimmt projekt- oder themenbezogen die Leitung über mehrere Bereiche hinweg, ohne disziplinarische Verantwortung für die beteiligten Mitarbeiter zu besitzen. Diese Form der Matrix- oder Rasterorganisation eignet sich besonders für bereichsübergreifende Daueraufgaben wie:

- Qualität
- Rationalisierung
- Kostendämpfung
- Service

Gerade beim Thema Service zeigt sich, wie wichtig bereichsübergreifende Verantwortung sein kann. Über Service wird viel gesprochen, aber oft nur sehr oberflächlich. Für Unternehmen bedeutet guter Service vor allem:

- Erreichbarkeit
- Freundlichkeit
- Schnelligkeit

Ein funktionierendes Raster-Organigramm schafft die Möglichkeit, solche zentralen Themen nicht dem Zufall zu überlassen, sondern sie gezielt den dafür am besten geeigneten Kräften zu übertragen.

Eine Rasterorganisation gestaltet sich wie folgt:

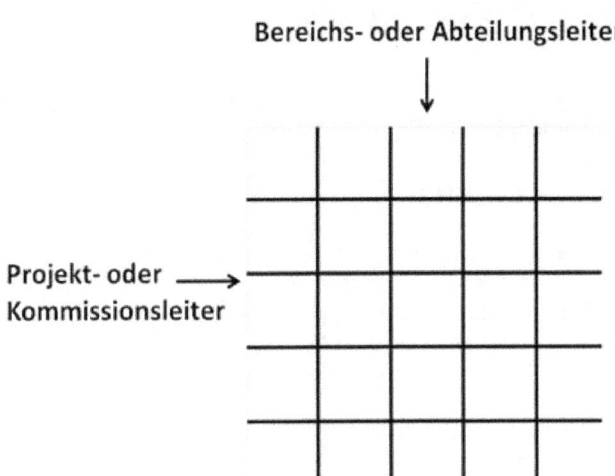

Die Rasterorganisation bietet in idealer Weise die Chance, die wichtigsten Aufgaben den besten Leuten zuzuordnen.

Voraussetzung ist allerdings, dass die vertikale Verantwortung nicht zerstört, sondern sinnvoll ergänzt wird. Die Matrix darf die Linie nicht verwirren, sondern muss sie dort verstärken, wo bereichsübergreifende Probleme sonst ungelöst bleiben würden.

Fazit

Organisationsthemen dürfen nicht modisch, sondern müssen ergebnisorientiert behandelt werden.

- Flache Hierarchien sind kein Wert an sich.
- Eine vernünftige Führungsspanne ist entscheidend.
- Allroundwissen ist nur dort sinnvoll, wo es wirklich gebraucht wird.
- Spezialwissen bleibt die Grundlage für Spitzenleistungen.
- Horizontale Verantwortung kann vertikale Strukturen sinnvoll ergänzen.

Am Ende gilt auch hier:

Nicht das modernste Organisationsmodell ist das beste, sondern dasjenige, das Verantwortung, Leistung und Ergebnisse am klarsten zusammenführt.

Das 3-Punkte-Erfolgssystem

Viele Unternehmen, die Produkte oder Leistungen erfolgreich in den Markt eingeführt haben, geraten im Laufe der Jahre in dieselbe Falle: Sie verzetteln sich.

Aus wenigen profitablen Angeboten wird nach und nach ein unübersichtliches Sortiment. Für jedes bestehende Produkt werden Varianten geschaffen, neue Produkte kommen hinzu, Vertrieb und Management fordern zusätzliche Alternativen – und irgendwann ist aus einem klaren Profil ein Bauchladen geworden.

Der Umsatz steigt dadurch oft weit weniger als erhofft. Die Kosten aber steigen fast immer. Die Folge: Die Rentabilität leidet.

Die Illusion der Produktvielfalt

Hinter dem Ruf nach immer neuen Produkten stehen selten nur sachliche Notwendigkeiten. Oft glauben Verkäufer ehrlich, der Markt verlange genau diese Erweiterung. Doch fragt man hundert Verkäufer nach ihrer Markteinschätzung, erhält man in der Regel eine Vielzahl unterschiedlicher Antworten – und nicht die am überzeugendsten vorgetragene ist automatisch die richtige.

Hinzu kommen die typischen Scheinargumente:

- Ohne zusätzliche Produkte könne man nicht mehr verkaufen.
- Die Konkurrenz habe diese Angebote längst.
- Fehlende Alternativen seien der Grund für Verkaufsschwächen.

Wenn das Management solchen Forderungen unkritisch nachgibt, entsteht schleichend eine gefährliche Entwicklung: Das Unternehmen verliert seine Konzentration.

Diversifizierung als Irrweg

In vielen Branchen ließ sich beobachten, wie stark Unternehmen modischen Schlagworten folgten. In der Versicherungswirtschaft etwa wurde über Jahre hinweg die „Finanzdienstleistung" zum Allheilmittel erklärt. Versicherer ergänzten ihr Angebot um Investmentfonds, Bausparprodukte und andere Finanzprodukte – oft weniger aus eigener Überzeugung als deshalb, weil andere es ebenfalls taten.

Doch die entscheidende Frage lautet nicht: *Was kann man zusätzlich anbieten?* Sondern: *Was trägt wirklich zum Unternehmenserfolg bei?*

Ein Kunde hat viele Bedürfnisse. Aber daraus folgt nicht, dass ein Unternehmen sie alle bedienen muss. Wer alles anbietet, verliert leicht seine Stärke in dem, was er eigentlich besonders gut kann.

Die Rückkehr zur Kernkompetenz

Es zeigt sich immer wieder: Die erfolgreichsten Organisationen konzentrieren sich auf wenige Dinge – und beherrschen diese exzellent.

Diversifizierung klingt nach Wachstum, führt aber oft zu Zerfaserung. Nicht umsonst folgte auf die Phase der großen Diversifizierungsbegeisterung später die Hinwendung zur Kernkompetenz. Was gestern als modern galt, wird heute stillschweigend korrigiert.

Die eigentliche Aufgabe eines Unternehmens ist nicht, möglichst viele Produkte anzubieten. Seine Aufgabe besteht darin, Kundenbedürfnisse

- zuverlässig,
- wettbewerbsfähig
- und profitabel

zu erfüllen – und zwar auf die Weise, die seiner eigenen Stärke entspricht.

Die falsche Verteilung der Ressourcen

Ein weiterer häufiger Fehler liegt in der Vertriebsplanung. Unternehmen setzen ihre besten Verkäufer nicht selten auf schwer verkäufliche, veraltete oder intern bevorzugte Produkte an. Dank ihrer besonderen Fähigkeiten erzielen diese Verkäufer dort noch einen gewissen Erfolg – doch genau darin liegt die Verschwendung.

Denn dieselben Mitarbeiter könnten mit zukunftsträchtigen, klaren und wettbewerbsfähigen Produkten weit mehr erreichen.

Ressourcen müssen dort eingesetzt werden, wo die größte Ergebnischance besteht!

Eine pyramidale Verteilung der Ressourcen bringt den größten Erfolg.

Das bedeutet: Die stärksten personellen und vertrieblichen Kräfte müssen zuerst auf die Produkte, Vertriebswege und Kundensegmente mit dem höchsten Potenzial konzentriert werden. Erst wenn dort ausreichend investiert wurde, sollten weitere Ressourcen in weniger aussichtsreiche Felder fließen.

Wenige tragen die vielen

In den meisten Unternehmen zeigt sich dasselbe Muster: Nur wenige Produkte werden wirklich stark verkauft. Sie erwirtschaften den Ertrag, mit dem die vielen schwachen oder kaum nachgefragten Produkte mitfinanziert werden.

Wenige Artikel müssen die Einnahmen erwirtschaften, um die Kosten der vielen Ladenhüter zu tragen.

Deshalb sollten Produkte, Vertriebswege und Kundensegmente in regelmäßigen Abständen – etwa alle drei oder fünf Jahre – einer schonungslosen Überprüfung unterzogen werden.

Die entscheidende Frage lautet:

Würden wir dieses Produkt, diesen Vertriebsweg oder diese Kundenbeziehung mit unserem heutigen Wissen noch einmal neu aufnehmen?

Wenn die Antwort nein lautet, muss geprüft werden:

- Liegt ein behebbarer Fehler vor?
- Oder sollte man sich konsequent davon trennen?

Das kann auch bedeuten, bewusst auf Umsatz zu verzichten, um die Ertragskraft zu steigern. Damit gehen unter Umständen Marktanteile verloren. Diese Folge muss nüchtern mitbedacht werden. Aber Größe allein ist kein Wert, wenn sie auf Kosten der Rentabilität erkauft wird.

Die Folgen der Vielfalt

Zu große Vielfalt hat nicht nur wirtschaftliche Nachteile. Sie überfordert auch die Organisation.

Produktion, Verwaltung und Vertrieb können die Vielzahl an Produkten und Varianten nur noch oberflächlich beherrschen. Neue Mitarbeiter tun sich besonders schwer, sich in einem solchen System zurechtzufinden. Die Qualität sinkt fast zwangsläufig.

Produktvielfalt führt zwangsweise zu Oberflächlichkeit – und Oberflächlichkeit zu Qualitätseinbußen.

Die drei richtigen Antworten

Die wirksame Gegenstrategie lässt sich auf drei Begriffe verdichten:

- **Spezialisierung**

- Standardisierung
- Simplifizierung

Diese drei Prinzipien bilden ein Erfolgssystem.

1. Spezialisierung

Ein Unternehmen soll sich auf das konzentrieren, was es besonders gut kann. Nicht Breite schafft Stärke, sondern Tiefe.

2. Standardisierung

Je standardisierter Produkte und Abläufe sind, desto günstiger, sicherer und schneller lassen sie sich produzieren, verkaufen und administrieren.

3. Simplifizierung

Einfache Produkte und einfache Prozesse verkaufen sich leichter, werden besser verstanden und verursachen geringere Kosten. Jede unnötige Feinheit wird zur Hürde – für den Verkäufer ebenso wie für den Kunden.

Der Manager, der diese drei Prinzipien konsequent verfolgt, wird Erfolg haben – auch wenn er sich damit nicht überall beliebt macht.

Worauf der Blick zu richten ist

Bei der Auswahl der Produkte oder Leistungen, die forciert werden sollen, müssen vor allem folgende Fragen gestellt werden:

- Wo haben wir echte Konkurrenzvorteile?
- Liegen diese Vorteile in Qualität, Preis oder Service?
- Welche Vorteile hat die Konkurrenz uns gegenüber?
- Können wir diese Nachteile ausgleichen oder verringern?
- Wie entwickelt sich unser derzeitiger Kundenstamm?
- Wächst dieses Kundensegment oder schrumpft es?

Diese Fragen führen weg vom modischen Aktionismus und hin zu einer nüchternen, ergebnisorientierten Steuerung.

Fazit

Der große Erfolg entsteht nicht durch Vielfalt, sondern durch Konzentration.

Wer alles anbieten will, verliert sich. Wer sich auf das Wesentliche beschränkt, gewinnt an Klarheit, Qualität und Ertragskraft.

Das 3-Punkte-Erfolgssystem lautet daher:

Spezialisierung. Standardisierung. Simplifizierung.

Wer diese Linie konsequent verfolgt, schafft genau das, was in vielen Unternehmen verloren gegangen ist:
Profil, Beherrschbarkeit und nachhaltigen Erfolg.

Innovationen

Bei der Suche nach Innovationen steht immer eine zentrale Frage im Raum:

Wollen unsere Kunden etwas, das sie nicht oder nicht leicht bekommen – oder nicht in der Form, in der Zeit oder an dem Ort, wie sie es wünschen?

Hier beginnt jede echte Innovation.

Das Missverständnis: Es fehlen die Ideen

Viele Unternehmen glauben, sie hätten ein Innovationsproblem, weil ihnen die Ideen fehlen.

Das ist falsch.

Ideen gibt es fast überall in ausreichender Zahl. Was fehlt, ist etwas anderes: **die konsequente Umsetzung.**

Die Idee ist nur der Anfang – sie ist die Spitze einer Pyramide.

Darunter folgen die eigentlichen, entscheidenden Stufen:

- Entwicklung eines Prototyps
- Tests
- Weiterentwicklung zur Serienreife
- Markteinführung

Mit jeder Stufe wächst der Aufwand erheblich. Die Basis der Pyramide ist um ein Vielfaches breiter als ihre Spitze.

Eine Idee ist schnell geboren – ihre Umsetzung erfordert Ausdauer, Disziplin und harte Arbeit.

Die Machtfrage der Innovation

Ob eine Idee umgesetzt wird, hängt oft weniger von ihrer Qualität ab als von ihrer Herkunft.

Eine Idee aus der Geschäftsleitung hat eine deutlich höhere Realisierungschance als die eines Sachbearbeiters. Der Grund ist einfach:

Entscheidend ist nicht die Idee – entscheidend ist die Umsetzungsmacht des Ideengebers.

Das ist kein Zufall, sondern ein strukturelles Prinzip in Organisationen.

Optimal ist die Situation dann, wenn:

- die Geschäftsleitung selbst kreativ denkt,
- Marktnähe besitzt
- und bereit ist, die Umsetzung aktiv voranzutreiben.

Dieser Idealfall ist selten – aber äußerst wirkungsvoll.

Die Rolle der Geschäftsleitung

Eine zweite, ebenfalls sehr gute Ausgangssituation entsteht, wenn die Geschäftsleitung offen für Ideen aus allen Ebenen ist und deren Umsetzung aktiv fördert.

Bewährt hat sich dabei ein einfaches Prinzip:

Jede ernsthafte Innovationsidee braucht einen Paten aus der Geschäftsleitung.

Dieser sorgt dafür, dass die Idee:

- nicht im Tagesgeschäft untergeht,
- nicht von nicht verantwortlichen Stellen blockiert wird,
- und den notwendigen Durchsetzungsdruck erhält.

Innovationszirkel – Chance und Risiko

In vielen Unternehmen werden sogenannte Innovationszirkel gebildet – Teams aus Mitarbeitern unterschiedlicher Bereiche wie:

- Marketing
- Vertrieb
- Produktion
- IT

Solche Teams können wertvolle Impulse liefern. Gleichzeitig bergen sie aber eine erhebliche Gefahr:

- Gute Ideen werden zerredet
- Unterschiedliche Interessen blockieren Fortschritt
- Die Ursprungsidee wird so verändert, dass sie nicht mehr wiederzuerkennen ist

Nicht selten geschieht dies aus einem versteckten Motiv heraus:

Das Neue wird bekämpft, um das Alte zu bewahren.

Hier ist Führung gefragt. Ohne klare Steuerung werden Innovationsrunden schnell zu Innovationsbremsen.

Die Illusion der Befragung

Ein weiterer verbreiteter Irrtum liegt in der Überbewertung von Befragungen.

Verkäuferbefragungen und Kundenumfragen wirken auf den ersten Blick sinnvoll – liefern aber oft trügerische Ergebnisse.

Die Erfahrung zeigt:

- Kunden äußern Wünsche, die sie später nicht umsetzen
- Verkäufer fordern Produkte, die sie später nicht verkaufen

Der Grund ist einfach:

Zwischen einer theoretischen Aussage und einer realen Kaufentscheidung liegt ein großer Unterschied.

Was in einer Befragung plausibel erscheint, scheitert oft an der Realität des Marktes.

Die entscheidende Kennzahl: Break-even

Wie bei allen wichtigen Projekten ist auch bei Innovationen eine wirtschaftliche Bewertung notwendig.

Doch eine reine Umsatzprognose ist wenig aussagekräftig.

Entscheidend ist der Break-even-Point.

Er beantwortet die zentrale Frage:

Ab welcher Absatzmenge deckt das Produkt seine Kosten?

Aus dieser Größe ergibt sich die eigentliche Entscheidungsgrundlage:

- Welche Umsatzmenge ist notwendig?
- In welchem Zeitraum muss sie erreicht werden?
- Und vor allem: Ist das mit der vorhandenen oder geplanten Vertriebskapazität realistisch?

Nur wenn diese Frage überzeugend mit „Ja" beantwortet werden kann, sollte eine Innovation umgesetzt werden.

Fazit

Innovation ist kein Ideenproblem – es ist ein Umsetzungsproblem.

Der Erfolg hängt davon ab:

- ob Ideen ernst genommen werden,
- ob sie durchsetzungsstarke Fürsprecher haben,
- und ob ihre wirtschaftliche Tragfähigkeit realistisch eingeschätzt wird.

Wer Innovation auf die Idee reduziert, wird scheitern. Wer die Umsetzung beherrscht, wird gewinnen.

Profitcenter und Costcenter

Jedes rechtlich selbstständige Unternehmen ist per Definition ein Profitcenter: Es bilanziert – und sein Erfolg zeigt sich im Ergebnis, positiv oder negativ.

Innerhalb eines Unternehmens existieren jedoch zahlreiche Bereiche, die ebenfalls wie eigenständige Unternehmen geführt werden könnten. Auch wenn dies aus organisatorischen oder bilanziellen Gründen nicht geschieht, ist es sinnvoll, diese Bereiche **unter Profitgesichtspunkten zu betrachten**.

Profitcenter-Denken im Unternehmen

Für solche Bereiche sollte intern eine eigene Ergebnisrechnung erstellt werden. Ziel ist es, Transparenz zu schaffen:

- Welche Bereiche arbeiten rentabel?
- Welche nicht?
- Wo besteht Handlungsbedarf?

Ist ein Bereich nicht rentabel, gibt es nur drei Möglichkeiten:

- verbessern,
- restrukturieren
- oder aufgeben.

Die notwendigen Daten liefern Rechnungswesen, Kostenrechnung und Controlling. Häufig müssen diese Daten erst geschaffen werden. Dabei werden Gemeinkosten über Verteilungsschlüssel zugeordnet.

Die entscheidende Regel: Objektivität

Was unter Gesamtunternehmensgesichtspunkten manchmal sinnvoll erscheint, ist innerhalb einer Profitcenter-Rechnung unzulässig:

Bewusst falsche Kosten- oder Gewinnzuordnungen führen zu falschen Entscheidungen.

Ein Beispiel: Wird ein verlustträchtiger Bereich durch einen profitablen quersubventioniert, kann das strategisch sinnvoll sein. Erfolgt jedoch gleichzeitig eine verzerrte interne Kostenverteilung, entsteht ein falsches Bild:

- Der verlustreiche Bereich erscheint profitabel
- Der profitable Bereich wirkt schwächer

Investitionsentscheidungen werden dann auf einer falschen Grundlage getroffen – mit potenziell gravierenden Folgen.

Eine Profitcenter-Rechnung muss sachlich korrekt sein – ohne taktische Verzerrung.

Nutzen der Profitcenter-Rechnung

Eine saubere Profitcenter-Struktur ermöglicht:

- Vergleichbarkeit von Bereichen
- Rückschlüsse auf Führungsqualität
- fundierte Investitionsentscheidungen
- klare Prioritätensetzung

Vor allem aber bewirkt sie etwas Entscheidendes:

Führungskräfte denken und handeln ergebnisverantwortlicher.

Investitionen werden nicht mehr leichtfertig beantragt, weil ihre Auswirkungen direkt im eigenen Ergebnis sichtbar werden.

Investitionen und Anreizsysteme

Dabei ist Vorsicht geboten: Wird das Ergebnis zu stark an kurzfristige Kennzahlen gekoppelt, kann dies sinnvolle Investitionen verhindern.

Deshalb sind zwei Instrumente wichtig:

- Aktivierung von Investitionen und Abschreibung über mehrere Jahre
- ggf. teilweise Ergebnisbereinigung

Die gute Führungskraft erkennt: **Eine sinnvolle Investition belastet kurzfristig das Ergebnis – verbessert aber langfristig den Erfolg.**

Costcenter als Ergänzung

Nicht alle Bereiche lassen sich sinnvoll als Profitcenter führen – insbesondere zentrale Funktionen wie:

- IT
- Personal
- Controlling

Hier bietet sich die Costcenter-Rechnung an.

Statt Gewinn zu messen, wird hier ein anderer Maßstab gesetzt:

Die Einhaltung oder Unterschreitung geplanter Kosten.

Die Differenz zwischen Plan- und Ist-Kosten entspricht funktional einem „Ergebnis".

Produktivitätssteigerung

Wenn Unternehmen ihre Produktivität steigern wollen, greifen sie häufig reflexartig zu externen Beratern.

Die Argumentation lautet:
„Andere sind besser – also holen wir die Experten."

Diese analysieren, strukturieren, präsentieren – und am Ende entsteht ein aufwendig aufbereitetes Konzept.

Die Realität ist oft ernüchternd:

Die eigentliche Arbeit leisten interne Führungskräfte - Die Berater präsentieren das Ergebnis.

Der Irrtum der großen Lösung

Komplette Neuorganisationen wirken spektakulär, sind aber selten erfolgreich.

Die großen Würfe scheitern häufig – die kleinen, konsequenten Verbesserungen wirken nachhaltig.

Oft wird lediglich Arbeit neu verteilt, während gleichzeitig Personal abgebaut wird – ein Effekt, der auch ohne Umorganisation möglich gewesen wäre.

Produktivität entsteht im Detail

Die größten Fortschritte entstehen nicht auf Konzernebene, sondern:

in den einzelnen Abteilungen – durch bessere Arbeitsabläufe.

Der Schlüssel liegt in einer systematischen Vorgehensweise.

Die Sinnanalyse der Tätigkeiten

Ein bewährtes Verfahren zur Produktivitätssteigerung ist die sogenannte Sinnanalyse.

1. Gewichtung der Tätigkeiten

Alle Arbeiten einer Abteilung werden nach ihrem Anteil am Gesamtarbeitsaufkommen bewertet.

Fokus: die wichtigsten Tätigkeiten (ca. 80 %).

2. Transparenz der Abläufe

Für diese Tätigkeiten werden sämtliche Arbeitsschritte detailliert dokumentiert – auch über Abteilungsgrenzen hinweg.

3. Gemeinsame Analyse

In einer strukturierten Sitzung analysiert ein interdisziplinäres Team die Abläufe:

Teilnehmer:

- Geschäftsleitungsmitglied
- Abteilungsleiter
- Gruppenleiter
- ausgewählte Sachbearbeiter
- ggf. externe interne „Querdenker"
- Organisation/IT

4. Die entscheidenden Fragen

Jeder Arbeitsschritt wird kritisch hinterfragt:

- Ist er überhaupt notwendig?
- Kann er entfallen?
- Kann er einfacher gestaltet werden?
- Kann er günstiger verlagert werden?
- Kann er automatisiert werden?

Dabei gilt ein zentraler Grundsatz:

Es sollten nie mehr als 99 Cent ausgegeben werden, um 1 Euro zu verdienen.

5. Bewertung und Umsetzung

Für jede Maßnahme wird grob abgeschätzt:

- Einsparpotenzial
- Aufwand
- Umsetzbarkeit

Auf dieser Basis entscheidet die Geschäftsleitung über die Umsetzung.

Die Organisation übernimmt:

- Planung
- Koordination
- Kontrolle

6. Messung des Erfolgs

Die Produktivität wird über Kennzahlen (z. B. PKZ) gemessen und regelmäßig überprüft.

Fazit

Produktivität ist kein Geheimnis und kein exklusives Wissen externer Berater.

Sie entsteht durch:

- klare Strukturen
- konsequente Analyse
- disziplinierte Umsetzung

Die wirksamsten Verbesserungen kommen aus dem Unternehmen selbst.

Wer systematisch denkt, regelmäßig hinterfragt und konsequent handelt, erzielt nachhaltige Fortschritte – ohne spektakuläre Umbrüche und ohne unnötige Kosten.

Das Verhältnis Linie und Stab

In größeren Unternehmen existieren zwei grundsätzlich unterschiedliche Verantwortungsbereiche:

Linie
Stab

Die Linie trägt die unmittelbare Ergebnisverantwortung. Ihre Entscheidungen wirken direkt auf das Unternehmensergebnis.

Der Stab hingegen wirkt indirekt. Er unterstützt die Linie durch:

- Beratung
- Analyse
- Serviceleistungen

Die Quelle der Konflikte

Konflikte entstehen fast zwangsläufig – und besonders dann, wenn die Abgrenzung der Zuständigkeiten unklar ist.

Typische Ursachen sind:

- Überschneidung von Verantwortlichkeiten
- unterschiedliche Denkweisen
- fehlende Rollenklarheit

Die Linienorganisation ist in der Regel praxisorientiert, entscheidungsnah und ergebnisgetrieben.
Der Stab arbeitet analytischer, konzeptioneller und oft theoretischer.

Beide Seiten neigen dazu, die eigene Sichtweise zu überschätzen.

Die Linie hält den Stab für wirklichkeitsfern. Der Stab hält die Linie für unstrukturiert.

Die kritische Fehlentwicklung

Besonders problematisch wird es, wenn Stabsbereiche Entscheidungsbefugnisse erhalten, die in die Linienverantwortung eingreifen – ohne selbst Ergebnisverantwortung zu tragen.

Dann entsteht ein gefährliches Ungleichgewicht:

Entscheidung ohne Verantwortung auf der einen Seite – Verantwortung ohne Entscheidungsmacht auf der anderen.

Das führt zwangsläufig zu:

- Frustration
- Reibungsverlusten
- ineffizienten Abläufen

Die richtige Rollenverteilung

Eine funktionierende Zusammenarbeit setzt klare Prinzipien voraus:

Der Stab

- berät
- analysiert
- unterstützt
- entlastet

Er darf nicht:

- dominieren
- bevormunden
- „besser wissen wollen"

Die Linie

- entscheidet
- verantwortet
- setzt um

Sie muss:

- offen für Empfehlungen sein
- die Unterstützung des Stabes aktiv nutzen

Der entscheidende Punkt

Der Stab ist Helfer – nicht Ersatz der Linie.

Und:

Die Linie bleibt verantwortlich – auch wenn sie sich beraten lässt.

Nur wenn beide Seiten ihre Rolle akzeptieren, entsteht eine produktive Zusammenarbeit.

Die Tochtergesellschaft

Das Verhältnis zwischen Mutter- und Tochtergesellschaft ist formal klar:

Die Mutter bestimmt – die Tochter folgt.

Doch diese formale Ordnung sagt nichts über die tatsächliche Qualität der jeweiligen Führung aus.

Die Realität

In der Praxis zeigt sich häufig: **Die Manager der Mutter sind nicht automatisch besser als die der Tochter.**

Mitunter ist sogar das Gegenteil der Fall.

Solche Konstellationen erzeugen Spannungen:

- Frustration auf Seiten der Tochter
- Überheblichkeit auf Seiten der Mutter
- oder umgekehrt Unsicherheit, die überspielt wird

Der typische Konflikt

Die Muttergesellschaft stellt Anforderungen an die Tochter – häufig anspruchsvoll und theoretisch sinnvoll.

Das Problem:

Diese Anforderungen sind im eigenen Haus oft nicht vollständig umgesetzt.

Für die Tochter entsteht eine paradoxe Situation:

- Sie soll Ideale erfüllen
- die die Mutter selbst nicht lebt

Das führt zu innerem Widerstand – auch wenn er nicht offen geäußert wird.

Die Rolle des übergeordneten Managers

Der überwachende Manager hat eine besonders anspruchsvolle Aufgabe:

Er muss

- kontrollieren
- bewerten
- steuern

… oft unter erschwerten Bedingungen:

- andere Branche
- anderes Land
- andere Marktlogik

Damit fehlt ihm häufig:

- Detailkenntnis
- Erfahrungsbasis
- intuitive Sicherheit

Die zentrale Gefahr

Diese Unsicherheit kann ausgenutzt werden.

Manager der Tochtergesellschaft könnten:

- Probleme beschönigen
- Risiken verschleiern
- Ergebnisse verzerrt darstellen

Deshalb gilt hier in besonderem Maße:

Vertrauen ist gut – Kontrolle ist besser.

Professionelle Kontrolle

Die Kontrolle darf sich nicht nur auf:

- Erfahrung
- Bauchgefühl
- interne Informationen

stützen.

Erforderlich sind:

- externe Vergleichszahlen
- Branchenkennzahlen
- unabhängige Analysen

Besonders bewährt hat sich der Einsatz externer Experten, etwa:

- Wirtschaftsprüfer mit Branchenkenntnis

Diese liefern:

- objektive Daten
- fachliche Einschätzung
- zusätzliche Sicherheit

Der doppelte Nutzen

Der Einsatz externer Prüfer bringt zwei entscheidende Vorteile:

Unabhängige Informationsbasis
Teilweise Entlastung der Verantwortung – auch haftungsrechtlich

Fazit

Sowohl im Verhältnis **Linie–Stab** als auch **Mutter–Tochter** gilt derselbe Grundsatz:

Unklare Verantwortlichkeiten führen zu Konflikten – klare Rollen zu Effizienz.

- Der Stab darf nicht führen
- Die Linie darf Beratung nicht ignorieren
- Die Mutter darf nicht nur fordern, sondern muss auch verstehen
- Die Kontrolle darf sich nicht auf Vertrauen allein verlassen

Wo diese Prinzipien beachtet werden, entstehen:

- Klarheit
- Vertrauen
- und nachhaltige Steuerungsfähigkeit
-

5. Das Top-Management als Ziel

Karrierefaktoren

Wer erreicht das Top-Management – und wie?

Die Antwort ist ernüchternd:

Nicht alle, die nach oben wollen oder die Fähigkeiten besitzen, kommen auch dort an.

Mit jeder Stufe nach oben verengt sich die Pyramide. Der Wettbewerb wird härter – und die Spielregeln verändern sich.

Der verbreitete Glaube, extreme Arbeitsbelastung sei der Schlüssel zum Erfolg, hält der Realität oft nicht stand. Vierzehn-Stunden-Tage und der Verzicht auf Privatleben sind keine Garantie für den Aufstieg.

Natürlich zählen die objektiven Faktoren:

- Leistungsbereitschaft

- Führungserfahrung
- Fachwissen und Ausbildung
- bisherige Erfolge
- internationale Erfahrung
- Sprachkenntnisse
- Auftreten und Ausstrahlung

Doch all das kann von subjektiven Faktoren überlagert werden.

Entscheidend sind oft: Beziehungen – und Glück.

Das Glück, zur richtigen Zeit am richtigen Ort zu sein.

Beziehungen entstehen:

- durch Familie und Freundeskreis
- durch geschäftliche Netzwerke
- durch gegenseitige Abhängigkeiten

Oder sie werden gezielt aufgebaut – zu Förderern im eigenen Unternehmen.

Doch auch hier gilt: Nähe kann verbinden – oder gefährlich binden. Wer zu eng mit einem Förderer verknüpft ist, teilt im Zweifel auch dessen Schicksal.

Die strebsame Führungskraft muss deshalb beweglich bleiben. Erkennt sie, dass ihre Entwicklung stagniert, muss sie handeln – notfalls durch einen Wechsel.

Top-Positionen werden selten öffentlich ausgeschrieben. Sie werden vergeben – oft hinter verschlossenen Türen.

Die Unberechenbarkeit von Entscheidungen

Auswahlverfahren sind vielfältig – und oft intransparent.

Objektive Kriterien verlieren schnell an Bedeutung, wenn eines nicht stimmt:

die Chemie.

Sympathie, ein gemeinsames Thema, ein zufälliger Moment – all das kann entscheidend sein.

Wo Einfluss möglich ist, zählt:

- Taktgefühl
- Gespür für Situationen
- strategisches Verhalten

Wer hier ungeschickt agiert, stößt früher oder später an Grenzen.

Ein weit verbreiteter Irrtum:

Akademische Exzellenz ist eine Garantie für Führungserfolg.

Zwischen Ausbildung und tatsächlicher Führungsfähigkeit besteht kein zwingender Zusammenhang. Viele der besten Führungspersönlichkeiten verdanken ihren Erfolg anderen Qualitäten.

Das Ziel erreicht

Das Top-Management gilt als Ziel vieler ehrgeiziger Führungskräfte.

Die Erwartungen sind klar:

- Macht
- Einfluss
- Unabhängigkeit

Doch die Realität sieht oft anders aus.

Was bleibt, sind häufig:

- Status
- Ansehen
- Privilegien
  (Sekretariat, Fahrer, Dienstwagen, Reisen, Vergütung)

Aber die eigentliche Erfahrung an der Spitze überrascht viele:

Die Unabhängigkeit ist weit geringer als erwartet.

Die Abhängigkeiten bestehen weiterhin – nur subtiler:

- Eigentümer
- Aufsichtsräte
- Aktionäre
- Kollegen
- Betriebsräte

Sie alle wirken auf Entscheidungen ein.

Das Ergebnis:

Viele Entscheidungen werden verwässert – oder gar verhindert.

In großen Organisationen nimmt zudem der Einfluss des Einzelnen ab:

- Strukturen werden komplexer
- Verantwortlichkeiten diffuser
- Kontrolle schwieriger

Je größer das Unternehmen, desto geringer die tatsächliche Steuerbarkeit und desto geringer werden die tief greifenden Kontrollmöglichkeiten. Zu viele Bälle sind gleichzeitig zu jonglieren und vielleicht entpuppt sich der Ball, der hinunterfällt, als Handgranate.

Der wahre Alltag an der Spitze

Ein erheblicher Teil der Zeit fließt nicht in operative Arbeit, sondern in:

- Positionssicherung
- Machtkämpfe
- strategische Allianzen
- interne Auseinandersetzungen

Das oft beschworene „Team" der Geschäftsleitung ist in vielen Fällen Illusion.

Zusammenarbeit bedeutet häufig Wettbewerb.

Offene Konflikte sind selten – stattdessen:

- taktisches Verhalten
- verdeckte Angriffe
- höfliche Fassade bei gleichzeitiger Rivalität

Der Vorsitzende spielt dabei eine besondere Rolle.

Formal ist er „Primus inter Pares". In der Praxis entscheidet er häufig allein.

Diskussionen werden geführt – Entscheidungen stehen oft längst fest.

Alle wissen es. Alle spielen mit.

Warum?

Weil viel auf dem Spiel steht:

- Einkommen
- Status
- Versorgung
- Zukunft

Das größte Risiko

Die Nichtverlängerung des Vertrags.

Nicht äußere Umstände sind die häufigste Ursache – sondern interne Dynamiken.

Ein falscher Moment, eine gezielte Demontage, ein taktischer Schachzug – und eine Karriere kippt.

Eine Trennung aus „gesundheitlichen Gründen" wird dann sehr wahrscheinlich.

Der Witzige kommentiert das nach außen hin mit folgender Bemerkung: „Ich scheide beim Unternehmen XY wirklich aus gesundheitlichen Gründen aus. Die ständigen Querelen mit dem inkompetenten Aufsichtsrat und mit den noch inkompetenteren Vorstandskollegen haben mich krankgemacht."

Triumphe können sich schnell in Niederlagen verwandeln.

Kollegen werden zu Gegnern.
Unterstützung schwindet.
Isolation entsteht.

Die Kehrseite des Erfolgs

Viele erleben an der Spitze:

- Druck
- Anpassung
- persönliche Kompromisse

Nicht selten auch:

- Enttäuschung
- Demütigung
- Selbstzweifel

Und dennoch:

Wer es nach oben geschafft hat, würde den Weg meist wieder gehen.

Trotz aller Widrigkeiten.

Denn: **Es ist etwas Besonderes, ganz oben zu stehen.**

Fazit

Der Weg ins Top-Management ist kein linearer Aufstieg.

Er ist geprägt von:

- Leistung
- Zufall
- Beziehungen
- Timing
- psychologischer Stärke

Und das Ziel selbst ist kein Ort der Freiheit – sondern ein Ort:

- hoher Verantwortung
- subtiler Abhängigkeiten
- permanenter Bewährung

Wer hoch steigt, kann tief fallen – und viele fallen.

Doch wer oben besteht, gehört zu einer kleinen Gruppe, die bereit ist, den Preis dafür zu zahlen.

6. Die 40 Heilmann-Prinzipien

Die Essenz wirksamer Führung

Die wichtigsten Erkenntnisse dieses Buches – verdichtet auf das Wesentliche:

Niemand ist zum Führen geboren!

Eine gute Führungskraft gibt nie auf!

Zu Ende denken" heißt die Devise!

Effizienz, nicht Präsenz ist gefragt!

Was würde ich tun, wenn ich keine Angst hätte?

Notwendige Unannehmlichkeiten – sofort!

Eine gute Führungskraft wird geachtet, sie muss nicht geliebt werden!

Die Verbeugung gilt immer nur dem Thron, nicht dem Inhaber!

Sag nie ja, wenn du nein sagen willst!

Die Welt des gestandenen Managements ist konservativ!

Wer Mitarbeiter zum Erfolg führen will, muss Emotionen produzieren!

Man muss die Dinge so sehen, wie sie sind!

Führen muss man spüren!

Mit Kleinigkeiten großzügig sein!

Gehe nie zu deinem Fürst, wenn du nicht gerufen wirst!

Es ist wesentlich sicherer geachtet, als geliebt zu sein!

Wer sich rechtfertigt, verliert!

Der größte Fehler wird gemacht, wenn der Gesprächspartner unterschätzt wird!

Wer fragt, der führt!

Wehret den Anfängen!

Bei einem Streit keinesfalls Partei ergreifen!

Kompromisse führen nie zu einem Spitzenergebnis!

Wer nicht sagt, was er will, bekommt nicht, was er will!

Was man nicht messen kann, kann man nicht managen!

Vertrauen ist gut, Kontrolle ist besser!

Führungsschwächen fangen an, wenn die Konsequenz nachlässt!

Bei schlechter Geschäftslage ist es wichtig, die Überlebensgrenzen zu kennen!

Ein bisschen mehr Umsatz und ein bisschen weniger Kosten!

Die Erfüllung von Zielen muss objektiv messbar sein!

Das Hinausschieben von Problemen löst die Probleme nicht!

Eine Führungskraft, die sich nicht berichten lässt, führt nicht gut!

Feuer sofort austreten, sobald es erkannt wird!

Außergewöhnliche Situationen verlangen nach außergewöhnlichen Maßnahmen!

Einem vollen Schreibtisch muss immer mit Misstrauen begegnet werden!

Vertraulichkeit ist ein Gegner der Akzeptanz!

Alle Grausamkeiten zu Beginn!

Auch Ratschläge sind Schläge!

Gleichbehandlung wollen immer nur die Schwächeren!

Je näher ein Mitarbeiter am Kunden ist, je mehr braucht er ein Allroundwissen!

Je weiter der Mitarbeiter vom Kunden entfernt ist, desto mehr ist von ihm Spezialwissen gefordert!

Diese Prinzipien sind keine Theorie. Sie sind das Ergebnis von Erfahrung, Konflikten, Entscheidungen – und Konsequenzen.

Wer sie versteht, wird führen können. Wer sie anwendet, wird führen.

Schlussgedanken

Führung ist kein Titel. Führung ist eine Entscheidung.

Eine Entscheidung, Verantwortung zu übernehmen, Konsequenzen zu tragen, und Dinge auszusprechen, die andere lieber vermeiden.

Dieses Buch zeigt keine bequemen Wege. Es zeigt den Weg, der funktioniert.

Den Weg, der fordert. Den Weg, der aneckt. Den Weg, der nicht immer beliebt macht – aber wirksam ist.

Wer führen will, wird Zweifel erleben. Widerstand. Einsamkeit.

Und dennoch:

Es gibt keinen Ersatz für klare Führung.

Unternehmen brauchen keine Moderatoren. Sie brauchen Menschen, die entscheiden. Die handeln.
Die stehen bleiben, wenn andere ausweichen.

Viele werden diesen Weg nicht gehen wollen. Einige werden ihn versuchen. Wenige werden ihn konsequent gehen.

Zu diesen Wenigen zu gehören, ist kein Zufall.

Es ist eine Frage der Haltung.

Und am Ende bleibt nur eine Frage: **Haben Sie den Mut, zu führen?**

www.ingramcontent.com/pod-product-compliance
Lightning Source LLC
Chambersburg PA
CBHW070234190526
45169CB00001B/179